CUIDAR DA CASA COMUM

AFONSO MURAD
SINIVALDO SILVA TAVARES
(orgs.)

CUIDAR DA CASA COMUM

Chaves de leitura teológicas
e pastorais da Laudato Si'

Dados Internacionais de Catalogação na Publicação (CIP)
(Câmara Brasileira do Livro, SP, Brasil)

Cuidar da casa comum : chaves de leitura teológicas e pastorais da Laudato Si' / Afonso Murad, Sinivaldo Silva Tavares, (organizadores). – São Paulo : Paulinas, 2016. – (Coleção antena da fé)

Vários autores.
ISBN 978-85-356-4073-1

1. Encíclicas papais 2. Francisco, Papa, 1936- 3. Igreja Católica I. Murad, Afonso. II. Tavares, Sinivaldo Silva. III. Série.

15-11156   CDD-262.91

Índice para catálogo sistemático:
1. Encíclicas papais : Igreja Católica   262.91

1ª edição – 2016
1ª reimpressão – 2016

Direção-geral: Bernadete Boff
Editora responsável: Vera Ivanise Bombonatto
Copidesque: Cirano Dias Pelin
Coordenação de revisão: Marina Mendonça
Revisão: Ana Cecilia Mari
Gerente de produção: Felício Calegaro Neto
Projeto gráfico: Jéssica Diniz Souza

Nenhuma parte desta obra poderá ser reproduzida ou transmitida por qualquer forma e/ou quaisquer meios (eletrônico ou mecânico, incluindo fotocópia e gravação) ou arquivada em qualquer sistema ou banco de dados sem permissão escrita da Editora. Direitos reservados.

Paulinas
Rua Dona Inácia Uchoa, 62
04110-020 – São Paulo – SP (Brasil)
Tel.: (11) 2125-3500
http://www.paulinas.org.br – editora@paulinas.com.br
Telemarketing e SAC: 0800-7010081
© Pia Sociedade Filhas de São Paulo – São Paulo, 2016

SUMÁRIO

Por uma recepção criativa da *Laudato Si'* 7
    SINIVALDO SILVA TAVARES

1. A encíclica do Papa Francisco não é "verde", é integral 15
    LEONARDO BOFF

2. Fé cristã e a superação da crise ecológica.
    Abordagem teológica 24
    FRANCISCO DE AQUINO JÚNIOR

3. Conversão ecológica: "conversão da conversão" 40
    LUIZ CARLOS SUSIN

4. A evolução do conceito de ecologia no
    Ensino Social da Igreja. Da *Rerum Novarum* à *Laudato Si'* 52
    AGENOR BRIGHENTI

5. *Laudato Si'* e a opção pelos pobres 65
    BENEDITO FERRARO

6. A ecologia como parâmetro para a ética, a política
    e a economia. Um novo capítulo do Ensino Social da Igreja 73
    MARCIAL MAÇANEIRO

7. A difícil integração humana na comunidade de vida da Terra ... 90
    PEDRO RIBEIRO DE OLIVEIRA

8. A Terra e o Céu cheios de Amor. A encíclica *Laudato Si'*
    e a espiritualidade macroecumênica 103
    MARCELO BARROS

9. *Laudato Si'*: o eco papal de uma busca ecumênica 115
   Magali do Nascimento Cunha

10. O paradigma tecnocrático 129
    Manfredo Araújo de Oliveira

11. A encíclica *Laudato Si'*: conclamação a construir
    outro paradigma de desenvolvimento.................................... 146
    Ivo Lesbaupin

12. A espiritualidade proposta pela encíclica *Louvado Sejas* 157
    Frei Betto

13. Louvor, responsabilidade e cuidado. Premissas
    para uma espiritualidade ecológica... 169
    Maria Clara L. Bingemer

14. O que nos reúne é a defesa da vida, o cuidado da criação 182
    Rodrigo de Castro Amédée Péret

15. *Laudato Si'* e as lutas dos movimentos socioambientais......... 197
    Gilvander Moreira

16. *Laudato Si'* – Pistas pastorais para conhecer
    e colocar em prática.. 218
    Afonso Murad

Por uma recepção criativa da *Laudato Si'*

Em 25 de maio de 2015 – Solenidade de Pentecostes – o Papa Francisco agraciou-nos com a encíclica *Laudato Si'* – Sobre o cuidado da casa comum. Poucos documentos do magistério pontifício provocaram tamanha expectativa como esse, e não apenas entre os católicos. Anunciada em diversas ocasiões, a *Laudato Si'* suscitou um clima de grande expectativa e de acalorada discussão em torno de seu eventual conteúdo antes mesmo da publicação oficial. De fato, a encíclica se ocupa de um tema candente e de singular gravidade. E o que mais surpreende é a receptividade que o discurso do papa vem recebendo no âmbito da cultura e da sociedade em geral. A relevância e a urgência do tema, associadas ao caráter visivelmente inovador da encíclica, muito têm contribuído para tamanha receptividade.

A *Laudato Si'* revela-se inovadora em diversos aspectos, a começar pelo nome. Que ela seja dirigida a todas as pessoas, cidadãs do mundo, e não apenas, como de costume, aos fiéis católicos constitui outra novidade. E as inovações não param por aqui. A atitude do Papa Francisco de se unir ao Patriarca Ecumênico Bartolomeu no inadiável apelo ao cuidado da casa comum. As inúmeras referências explícitas, no decorrer do texto, a documentos dos episcopados continentais e nacionais, bem como a outros autores do âmbito da cultura em geral. Que o estilo do Papa Francisco seja cordial e poético e, ademais, que o tom da encíclica seja propositivo e esperançoso não nos parece meramente casual. Como adverte Paul Ricoeur, o tom de um discurso é parte integrante de seu conteúdo. No caso em questão, é expressão da força da palavra de quem o profere. Pertence à dinâmica de um texto o fato de que, uma vez tornado público, inicia-se seu processo de *recepção*. Esse expediente vale mais ainda em se tratando de um texto emanado da mais alta instância autoritativa da Igreja Católica. A confirmação de que a *recepção* da *Laudato Si'* iniciou-se imediatamente após sua publicação é sua rápida e larga difusão no universo midiático.

O grande teólogo Y. Congar confere ao termo *recepção* um estatuto eclesiológico, por tratar-se de autêntica incorporação vital do conteúdo proposto pela autoridade da Igreja. A *recepção*, portanto, revela o legítimo direito do Povo de Deus de não apenas receber a verdade inteira da fé, mas de compreendê-la integralmente, reelaborando-a no horizonte de sua situação histórica atual. Trata-se de uma autêntica apropriação do sentido do que é transmitido. À primeira vista, *recepção* poderia dar a ideia de uma atividade meramente passiva. Apenas da assimilação de conteúdos, decisões ou determinações emanadas por instâncias autoritativas. Todavia, *recepção* não se identifica com uma espécie de obediência cega. A experiência da *recepção* se revela altamente criativa por se tratar, em última instância, de uma autêntica recriação do sentido.

As várias contribuições aqui recolhidas e publicadas se inserem nesse amplo processo de *recepção* da *Laudato Si'*. O objetivo dos autores que aqui escrevem é proporcionar aos leitores uma primeira compreensão da encíclica. Os textos são pequenos, didáticos, com citações da própria encíclica, e se debruçam sobre temas específicos. E isso para facilitar pedagogicamente a maior compreensão do discurso do Papa Francisco.

Dito isso, passamos a apresentar, ainda que sumariamente, os artigos que compõem o rico mosaico desta publicação. "A encíclica do Papa Francisco não é 'verde', é integral" é o sugestivo título do texto de Leonardo Boff. Trata-se de uma apresentação da encíclica nos seus eixos fundamentais e estruturantes. Nesse sentido, constitui uma excelente porta de entrada aos temas tratados e à argumentação desenvolvida pelo Papa Francisco na *Laudato Si'*. De fato, o Papa Francisco não se apresenta apenas como um defensor do ambiente. Ele propõe uma visão "integral" da ecologia. E isto faz toda a diferença.

Uma abordagem propriamente teológica nos é oferecida por Francisco de Aquino Júnior em "Fé cristã e a superação da crise ecológica. Abordagem teológica". De forma didática, o autor elenca e analisa alguns temas que constituem verdadeiras chaves teológicas de leitura da inteira encíclica. Em seguida, Luiz Carlos Susin chama a atenção do leitor para o processo de *conversão da conversão* em "Conversão ecológica: 'conversão da conversão'". Trata-se, segundo ele, de uma guinada proposta pela *Laudato Si'* no que concerne à conversão concebida no horizonte da fé cristã. Ele lembra que, superando a clássica compreensão de conversão como *abstenção*, *aversão* e, em suma, como *fuga* do mundo, o Papa Francisco propõe a *conversão a Deus* mediante uma autêntica *conversão ao mundo* entendido como a complexidade das criaturas que compõem nossa casa comum.

Enquanto produto de uma tessitura, todo texto possui história, contexto, compasso e ritmo próprios. A história remota da *Laudato Si'* é constituída pela tradição multissecular das encíclicas papais. Sua história recente, porém, situa-se no contexto da "Doutrina Social da Igreja". O compasso da nova encíclica é dado pela tradição eclesial latino-americana, de *Medellín* a *Aparecida*, da qual é herdeiro o Papa Francisco. E, por fim, o ritmo próprio oferecido pelo Papa Francisco à *Laudato Si'* é a articulação do clamor da Terra com o clamor dos pobres. Agenor Brighenti analisa "A evolução do conceito de ecologia no Ensino Social da Igreja. Da *Rerum Novarum* à *Laudato Si'*". Essa evolução poderia ser expressa mediante quatro adjetivos aplicados ao substantivo ecologia: criacional, ambiental, humana e integral. Já Benedito Ferraro privilegia a estreita relação entre a *Laudato Si'* "e a opção pelos pobres". A íntima relação que o Papa Francisco estabelece entre o clamor da Terra e o clamor dos pobres sobressai no corpo da encíclica a ponto de constituir uma espécie de refrão que vai e volta ao longo do inteiro discurso pontifício. Ao sublinhar o fato de que a *Laudato Si'* constitui um *novo capítulo do Ensino Social da Igreja*, Marcial Maçaneiro mostra que tal inovação se dá justamente numa singular proposição: "A ecologia como parâmetro para a ética, a política e a economia". Já o sociólogo Pedro Ribeiro de Oliveira reconhece que a *Laudato Si'* representa um salto qualitativo no Ensino Social da Igreja Católica. Ao articular o clamor da Terra com o clamor dos pobres, a encíclica propõe um paradigma mais abrangente para a Doutrina Social da Igreja. Contudo, a proposição desse novo paradigma levanta novos e difíceis problemas, dentre os quais "A difícil integração humana na comunidade de vida da Terra".

A perspectiva ecumênica e inter-religiosa, também chamada de macroecumênica, fortemente presente no texto da encíclica, vem caracterizando a recepção das palavras do papa nas várias culturas e religiões do mundo. A partir de sua longa experiência no âmbito da espiritualidade macroecumênica, Marcelo Barros brinda-nos com o texto "A Terra e o Céu cheios de Amor. A encíclica *Laudato Si'* e a espiritualidade macroecumênica". Em seguida, a jornalista e teóloga metodista Magali do Nascimento Cunha, a partir de sua participação junto ao Conselho Mundial de Igrejas, oferece um testemunho que nos remete aos novos percursos da caminhada ecumênica no que tange ao cuidado com a criação. Vale a pena ler seu sugestivo texto "*Laudato Si'*: o eco papal de uma busca ecumênica".

Um dos pontos altos da encíclica é quando o papa, ao indagar acerca das raízes últimas dos fenômenos que afetam a integridade de nossa casa comum, denuncia a hegemonia do "Paradigma tecnocrático". Seria ele, na verdade, sujeitar a si tanto a economia quanto a política. Com invejável rigor, o filósofo Manfredo Araújo de Oliveira analisa o conceito de paradigma tecnocrático. Ao salientar as ambiguidades da tecnociência e situá-la no amplo movimento da globalização excludente, ele detecta as principais consequências do paradigma tecnocrático. Em perspectiva diferente e complementar, o sociólogo Ivo Lesbaupin destaca no texto do papa a crítica contundente ao atual modelo de desenvolvimento. Nesse sentido, ele entende que a *Laudato Si'* constitui uma "Conclamação a construir outro paradigma de desenvolvimento". Trata-se, segundo o autor, de uma verdadeira superação do atual modelo de desenvolvimento global. Os elementos que, segundo o papa, caracterizarão esse modelo alternativo de desenvolvimento global são, entre outros, a concepção do meio ambiente como um bem coletivo, a defesa do trabalho, a defesa dos povos indígenas e o papel dos movimentos sociais e das organizações da sociedade civil. Esses dois últimos elementos, de modo particular, viriam preencher o vazio político denunciado com veemência pelo Papa Francisco na encíclica.

Outro ponto alto da encíclica é uma espiritualidade ampla e articulada. Frei Betto, em "A espiritualidade proposta pela encíclica *Louvado Sejas*", destaca algumas dimensões dessa espiritualidade proposta pelo Papa Francisco: ecologia holística, espiritualidade socialmente abrangente, a natureza como fonte da revelação divina e, por fim, uma espiritualidade verdadeiramente ecológica. E conclui enumerando algumas características básicas dessa espiritualidade ecológica: integral, de reconciliação com a criação, crítica ao consumismo, capaz de cuidar da natureza e do bem comum, contemplativa, de profundo senso comunitário, cidadã e política, eucarística, trinitária e mariana. Na mesma perspectiva, Maria Clara L. Bingemer ressalta o apelo do Papa Francisco para uma aliança entre os vários saberes: entre as ciências e as religiões, incluindo também as culturas dos povos originários e do povo em geral, a arte e a poesia, a vida interior e a espiritualidade. A partir daí ela estabelece as "Premissas para uma espiritualidade ecológica" em torno dos eixos *louvor, responsabilidade e cuidado*. E conclui insistindo na articulação, tão querida pelo Papa Francisco, do cuidado da terra com o cuidado dos pobres.

Duas contribuições, de modo particular, provêm da experiência de militância junto aos movimentos sociais e ecológicos: a do franciscano Rodrigo de Castro Ammédée Péret, e a do carmelita Gilvander Moreira. Em "O que nos reúne é a defesa da vida, o cuidado da criação", Frei Rodrigo inicia seu texto com dois testemunhos de pessoas atingidas pela mineração e com dados de relatórios internacionais que confirmam a afirmação do Papa Francisco na *Laudato Si'* de que tudo está interligado. Ele frisa, a partir da encíclica, como a proposta de uma ecologia integral encontra-se profundamente interligada com a bandeira da justiça integral. Recordando-nos que a santidade é um caminho comunitário, Frei Rodrigo conclui conclamando todos a se engajar na luta pelo empoderamento das populações locais, na defesa de seus direitos ameaçados e dos direitos da Mãe Terra. Frei Gilvander, em *"Laudato Si'* e as lutas dos movimentos socioambientais", articula a visão acerca da dimensão social da fé proposta pelo Papa Francisco na *Evangelii Gaudium* com suas posições na *Laudato Si'* no tocante a temas de ordem socioambiental. Reconhecendo que a luta é complexa, Frei Gilvander conclui seu texto propondo-nos que, "enfim, a luta continua. E o diálogo também".

Ao final, Afonso Murad nos oferece *"Laudato Si'* – Pistas pastorais para conhecer e colocar em prática". Como sugere o próprio título, apresenta algumas dicas para se aplicar o conteúdo da encíclica em diversas situações pastorais. Ele descortina uma espécie de "cartografia" da *Laudato Si'*, propõe um roteiro para leitura e reflexão em grupo e elenca sugestões de ações comunitárias.

Somos todos testemunhas de que a *recepção* da *Laudato Si'* já está dando sinais promissores. A presente publicação pretende inserir-se no contexto desse amplo e fecundo processo. Auguramos que tal recepção se revele sempre mais criativa tanto nos destaques, comentários e difusão de suas principais intuições quanto no aprofundamento e alargamento de outras questões, que poderão ainda ser expressas e analisadas. Nossa intenção é, enfim, que você, querido(a) leitor(a), possa acolher as interpelações que a *Laudato Si'* nos faz, deixando-as frutificar em seu coração. E que isso impulsione atitudes pessoais, práticas comunitárias e ações institucionais de cuidado com a casa comum.

Frei Sinivaldo Silva Tavares, ofm
No dia 4 de outubro, Festa de São Francisco

1
A encíclica do Papa Francisco não é "verde", é integral

*Leonardo Boff**

É a primeira vez que o magistério pontifício aborda de forma tão cabal e extensa a questão ecológica. O papa se deu conta dos riscos que correm o sistema-vida e o sistema-Terra. Todos devem colaborar para "sair da espiral de autodestruição, onde estamos afundando" (163). Citando a Carta da Terra, documento que surgiu de uma ampla consulta à humanidade entre os anos 1997-2000, assevera:

> [...] deixando para trás uma etapa de autodestruição [...] atrevo-me a propor de novo aquele considerável desafio: "Como nunca antes na história, o destino comum obriga-nos a procurar um novo início [...] (207).

A Carta da Terra continua afirmando: "Isto requer uma mudança na mente e no coração. Requer um novo sentido de interdependência global e de responsabilidade universal" (Conclusão).

---

* Ecoteólogo, filósofo, escritor e membro da Iniciativa Internacional da Carta da Terra. Dentre sua vasta obra destaca-se aqui: *Ecologia. Grito da Terra, grito dos pobres*. Ed. rev. e ampl. Petrópolis: Vozes, 2015.

1. Um alerta global

Não se trata de propor apenas reformas ou a criação de medidas que mitiguem o aquecimento global ou tornem mais benevolentes as intervenções na natureza. Já ultrapassamos a cota de tolerância por parte da Terra. Ela não aguenta mais este tipo de relação devastadora de seu equilíbrio e dá sinais inequívocos de que está doente.

O dia 13 de agosto de 2015 foi o Dia da Sobrecarga da Terra (*Earth Overshooting Day*). É o que nos informou a Rede da Pegada Global (*Global Footprint Network*), que, junto com outras instituições, como a *WWF* e o *Living Planet*, acompanham sistematicamente o estado da Terra. A pegada ecológica humana (quanto de bens e serviços precisamos para viver) foi ultrapassada. As reservas da Terra estão se esgotando e precisamos de 1,6 planeta para atender nossas necessidades, sem ainda aquelas da grande comunidade de vida (fauna, flora, micro-organismos). Em palavras do cotidiano: nosso cartão de crédito entrou no vermelho.

Até 1961 precisávamos apenas de 63% da Terra para atender as nossas demandas. Com o aumento da população e do consumo, já em 1975 necessitávamos 97% da Terra. Em 1980 exigíamos 100,6%, a primeira sobrecarga da pegada ecológica planetária. Em 2005 já atingíamos a cifra de 1,4 planeta. E em agosto de 2015, 1,6 planeta.

Se hipoteticamente quiséssemos, dizem-nos biólogos e cosmólogos, universalizar o tipo de consumo que os países opulentos desfrutam, seriam necessários cinco planetas iguais ao atual, o que é absolutamente impossível, além de irracional (cf.

BARBAULT, R. *Ecologia geral: estrutura e funcionamento da biosfera*. Petrópolis: Vozes, 2011. p. 418).

Para completar a análise, cumpre referir a pesquisa feita por dezoito cientistas sobre "Os limites planetários: um guia para o desenvolvimento humano num planeta em mutação" e publicada na prestigiosa revista *Science* de janeiro de 2015 (bom resumo em *IHU* de 09/02/2015). Aí se elencam nove fronteiras que não podem ser violadas. Caso contrário, colocamos em risco as bases da vida no planeta: mudanças climáticas; extinção de espécies; diminuição da camada de ozônio; acidificação dos oceanos; erosão dos ciclos de fósforo e nitrogênio; abusos no uso da terra, como desmatamentos; escassez de água doce; concentração, na atmosfera, de partículas microscópicas que afetam o clima e os organismos vivos; introdução de novos elementos radioativos, nanomateriais, microplásticos.

Quatro das nove fronteiras foram ultrapassadas, mas duas delas – *a mudança climática e a extinção das espécies* – que são fronteiras fundamentais, podem levar a civilização a um colapso. Foi o que concluíram os dezoito cientistas.

Tal dado coloca em xeque o modelo vigente de análise da economia das sociedades mundial e nacional, medida pelo crescimento do Produto Interno Bruto (PIB). Este implica uma profunda intervenção nos ritmos da natureza e a exploração dos bens e serviços dos ecossistemas em vista da acumulação, e com isso do aumento do PIB. Tal modelo é uma falácia, pois não considera o tremendo estresse a que submete todos os serviços ecossistêmicos globais que garantem a continuidade da vida e de nossa civilização. De forma irresponsável e irracional considera tal fato, com suas graves consequências, como "externalidades", vale dizer, fatores que não entram na contabilidade nacional e internacional das empresas.

É a partir dessas constatações que a encíclica propõe também um novo começo, um novo estilo de vida, outra forma de produzir e consumir. Tais apelos percorrem todo o texto do documento pontifício (62, 63 passim).

Elas nos fazem lembrar as palavras sábias de nosso maior economista, Celso Furtado, que no entardecer da vida reconheceu a decisiva importância para a economia do momento ecológico:

A consciência de que está em jogo a sobrevivência da própria espécie humana cimentará um novo sentimento de solidariedade e favorecerá a emergência do cidadão empenhado na defesa de valores comuns a todos os homens, numa luta que não comporta discriminações, exceto em defesa da própria liberdade. (*Brasil: a construção interrompida*. São Paulo: Saraiva, 1992. p. 79)

Esta mesma esperança é alimentada pelo papa: "A esperança convida-nos a reconhecer que sempre há uma saída, sempre podemos mudar de rumo, sempre podemos fazer alguma coisa para resolver os problemas" (61).

O lema do Pentágono, da potência militarista dominante, dos EUA, é: "Um só mundo e um só império". A isso a encíclica contrapõe: "um só mundo e um só projeto coletivo" (164). Aqui reside a razão principal de não se ater ao discurso pedestre e dominante da ecologia ambiental ou "verde". Se o perigo é total e integral, a ecologia deve ser também integral e total.

2. A ecologia integral

A encíclica move uma vigorosa crítica ao mero ambientalismo, mesmo reconhecendo seu valor, pois ele é reducionista e antropocêntrico (115-120). Este coloca o ser humano no centro de tudo, e os demais seres somente ganham valor enquanto servem ao uso humano, esquecendo "o valor próprio de cada criatura" (16; 69). Não se guarda uma relação de mutualidade para com a natureza. Esta nos dá generosamente tudo o que precisamos para viver. Nós não lhe retribuímos com cuidado, respeito, e dando-lhe tempo para se autorregenerar. Tratamo-la com violência, a ponto de a encíclica afirmar: "Nunca maltratamos e ferimos a nossa casa comum como nos últimos dois séculos" (53).

Vale reconhecer que o Papa Francisco operou uma grande virada no discurso ecológico ao passar da ecologia ambiental para a ecologia integral. Esta inclui a ecologia político-social, a mental, a cultural, a educacional, a ética e a espiritual.

Há o risco de que essa visão integral seja assimilada dentro do costumeiro discurso ambiental "verde", não se dando conta de que todas as coisas, saberes e instâncias são interligadas (16, 92). Quer dizer, o aquecimento global tem a ver com a fúria industrialista, a pobreza de boa parte da humanidade está relacionada com o modo de produção, distribuição e consumo. A violência contra a Terra e os ecossistemas é derivada do paradigma de dominação que está na base de nossa civilização já há vários séculos. O antropocentrismo é consequência da compreensão ilusória de que somos donos e senhores das coisas quando temos o nosso lugar no conjunto dos seres, como parte e parcela da natureza, e com responsabilidade ética de guardá-la e cuidá-la.

Ora, é essa cosmologia (conjunto de ideias, valores, projetos, sonhos e instituições) que leva o papa a elaborar a encíclica totalmente dentro do novo paradigma cosmológico e ecológico, segundo o qual *tudo é relação e todos os seres são interligados* (92, 115, 120 passim).

Como superar a perigosa rota de colisão entre ser humano e natureza? O papa responde: "com uma mudança de rumo", "com um novo estilo de vida", "com uma conversão ecológica profunda", "com uma paixão pelo cuidado do mundo", "com uma cultura do cuidado que pervade toda a sociedade", com "uma corresponsabilidade coletiva" e "com uma feliz sobriedade". Se nada fizermos, podemos ir ao encontro do pior.

Francisco confia na capacidade criativa dos seres humanos, que juntos poderão encontrar saídas salvadoras (164). Mas a confiança maior deriva da fé cristã, que nos apresenta Deus como "o Senhor, soberano amante da vida" (Sb 11,26). Ele não permitirá que sua criação desapareça miseravelmente devido à irresponsabilidade humana, pois "o amor de Deus é a razão fundamental de toda a criação: [...] Até a vida efêmera do ser mais insignificante é objeto do seu amor [...]" (77).

Para enfrentar os múltiplos aspectos críticos e dramáticos de nossa situação, o papa propõe a *ecologia integral*. E lhe dá o correto fundamento:

> Do momento que tudo está intimamente relacionado e que os atuais problemas exigem um olhar que atenda a todos os aspectos da crise mundial [...] proponho uma ecologia integral que compreenda claramente as dimensões humanas e sociais (137).

Não diz outra coisa a Carta da Terra: "Nossos desafios ambientais, econômicos, políticos, sociais e espirituais estão interligados e juntos podemos forjar soluções includentes" (Preâmbulo 2). Como já dissemos, o pressuposto teórico deriva da nova cosmologia, da física quântica, da nova biologia, numa palavra, do novo paradigma contemporâneo que implica a teoria da complexidade e do caos (destrutivo e generativo). Nessa visão o repetia um dos fundadores da física quântica, Werner Heisenberg: "Tudo tem a ver com tudo em todos os pontos e em todos os momentos; tudo é relação e nada existe fora da relação". Com frequência repete a encíclica que "tudo é relação" ou "tudo está em relação" (16, 42, 92,137 passim).

Exatamente essa leitura o papa repete inumeráveis vezes, constituindo o *tonus firmus* de suas explanações. Seguramente a mais bela e poética das formulações encontramos no número 92, onde enfatiza:

> Tudo está em relação e todos nós seres humanos estamos unidos como irmãos e irmãs [...] com todas as criaturas que se unem conosco com terno e fraterno afeto, ao irmão sol, à irmã lua, ao irmão rio e à mãe Terra.

Essa visão existe já há quase um século (cf. meu livro com Mark Hathaway, *O tao da libertação. Explorando a ecologia da transformação*, Petrópolis: Vozes, 2010). Mas não conseguiu se impor na política e na resolução dos problemas sociais e humanos, nem mesmo no mundo acadêmico. Todos permanecemos ainda reféns do velho paradigma que isola os problemas, e para cada um procura solução específica sem se dar conta de que essa solução pode ser maléfica para outro problema (111). Por exemplo, resolve-se o problema da infertilidade dos solos com adubos químicos, que por sua vez entram na terra, atingem o nível freático das águas ou os aquíferos. Também a utilização dos agrotóxicos envenena a "comunidade de vida" e afeta a saúde humana.

A encíclica nos poderá servir de instrumento educativo para apropriarmo-nos desta visão inclusiva e integral. Por exemplo, como assevera o papa: "Quando falamos de ambiente nos referimos a uma particular relação entre a natureza e a sociedade; isso nos impede de considerar a natureza como algo separado de nós [...] somos incluídos nela, somos parte dela" (139). E ele continua dando exemplos convincentes:

> Toda análise dos problemas ambientais é inseparável da análise dos contextos humanos, familiares, trabalhistas, urbanos e da relação de cada pessoa consigo mesma que cria um determinado modo de relação com os outros e com o ambiente. (141)

Se tudo é relação, então a própria saúde humana depende da saúde da Terra e dos ecossistemas. Todas as instâncias se entrelaçam para o bem ou para o mal. Essa é a textura da realidade, não opaca e rasa, mas complexa e altamente relacionada com tudo. Por exemplo, se pensássemos nossos problemas nacionais nesse jogo de inter-retro-relação, não teríamos tantas contradições entre os ministérios e as ações governamentais. O papa nos sugere caminhos viáveis, como fez no seu famoso discurso aos Movimentos Sociais e Populares em Santa Cruz de la Sierra, na Bolívia, no dia 9 de julho de 2015. Aí afirma que qualquer mudança substancial deve incluir os três "t": "trabalho, teto e terra".

Conclusão a caminho...

Não se há de esperar soluções que venham de cima, a partir das instâncias de poder, mas de baixo, da articulação entre todos os movimentos e forças populares ao redor de alguns valores e princípios que dão centralidade à vida: à vida humana, à vida da natureza e à vida da Pachamama, da Mãe Terra. Tudo o mais deve servir a esta grande causa. Francisco não esquece, nesses contextos, os pobres. Sempre associa a pobreza com a fragilidade da Mãe Terra. Explicitamente, afirma:

> Hoje, não podemos deixar de reconhecer que uma verdadeira abordagem ecológica sempre se torna uma abordagem social que deve integrar a justiça nos debates sobre o meio ambiente, para ouvir o grito da Terra com o grito dos pobres. (49b)

Concluindo, Teilhard de Chardin tinha razão quando, nos anos 1930, escrevia: "A era das nações já passou. A tarefa diante de nós agora, se não perecemos, é construir a Terra". Cuidando da Terra com terno e fraterno afeto no espírito de São Francisco de Assis e de Francisco de Roma, podemos seguir "caminhando e cantando" cheios de esperança, como conclui a encíclica (244). Ainda teremos futuro e iremos irradiar.

2

Fé cristã e superação da crise ecológica. Abordagem teológica

*Francisco de Aquino Júnior**

A *teologia* se configura e se desenvolve, simultânea e paradoxalmente, como *inteligência da fé* e como *serviço à fé*. É um esforço intelectivo de apreensão, explicitação e elaboração teórica da fé. Mas tal esforço está a serviço da vivência e do fortalecimento dessa mesma fé. De modo que a teologia se configura e se desenvolve num duplo movimento: da vivência da fé à teoria da fé (inteligência da fé) e da teoria da fé à vivência da fé (serviço à fé). De uma forma ou de outra, é sempre um momento da fé: momento teórico e/ou momento iluminador. Sem fé não há teologia (inteligência da fé) e sem fé a teologia é um discurso ineficaz e inútil (serviço à fé). Mas a fé é sempre vivida em um contexto histórico bem determinado que condiciona, positiva e/ou negativamente, tanto a vivência da fé em geral quanto o desenvolvimento de seu momento propriamente intelectivo que é a teologia. Daí o caráter contextual de toda teologia. É desenvolvida sempre em um cenário bem determinado,

---

* Doutor em Teologia pela Westfäliche Wilhelms-Universität Münster – Alemanha; professor de Teologia na Faculdade Católica de Fortaleza (FCF) e na Universidade Católica de Pernambuco (UNICAP); presbítero da Diocese de Limoeiro do Norte-CE.

sendo condicionada e possibilitada por esse mesmo contexto. E é confrontada sempre pelos novos cenários em que a fé é vivida, confronto que revela sua força e atualidade e/ou seus limites e ambiguidades.

Nesse sentido, a teologia é uma tarefa permanente na Igreja: tarefa de enfrentamento dos contextos e das situações em que os cristãos vivem sua fé (serviço à fé) e tarefa de (re)formulação da fé nesses mesmos contextos ou situações (inteligência da fé). Sempre de novo é retomada e reformulada. E é aqui, precisamente, que se insere e se justifica a reflexão teológica desenvolvida na encíclica do Papa Francisco *Laudato Si'* – Sobre o cuidado da casa comum.

Esse texto trata especificamente das contribuições que a encíclica oferece para uma reflexão teológica sobre a atual problemática socioambiental. Começa com uma apresentação da encíclica e passa a recolher e sistematizar suas contribuições teológicas.

1. A encíclica *Laudato Si'*

A encíclica se insere no "magistério social da Igreja" (15) e se dirige "a cada pessoa que habita neste planeta" no intuito de dialogar com todos "acerca da nossa casa comum" (3). Ela convoca todas as pessoas, comunidades, organismos e instituições a ouvirem os gritos/clamores/gemidos da terra e dos pobres (cf. 49, 53, 117), e lança "um convite urgente a renovar o diálogo sobre a maneira como estamos construindo o futuro do planeta" (14):

> O urgente desafio de proteger a nossa casa comum inclui a preocupação de unir toda a família humana na busca de um

desenvolvimento sustentável e integral, pois sabemos que as coisas podem mudar [...] A humanidade possui ainda a capacidade de colaborar na construção da nossa casa comum (13).

Em sintonia com o "movimento ecológico mundial", Francisco insiste na necessidade e urgência de um "debate que nos una a todos" e de uma "nova solidariedade universal" (14). E espera que esta carta encíclica "nos ajude a reconhecer a grandeza, a urgência e a beleza do desafio que temos pela frente" (15).

A estrutura do texto é clara e, de alguma forma, corresponde ao clássico método ver-julgar-agir. Faz uma "breve resenha dos vários aspectos da atual crise ecológica", recolhendo "os melhores frutos da pesquisa científica atualmente disponível" e dando "uma base concreta ao percurso ético e espiritual" seguido na encíclica [Capítulo I], e procura "chegar às raízes da situação atual, de modo a individuar não apenas os seus sintomas, mas também as causas mais profundas" [Capítulo III]. Retoma "algumas argumentações que derivam da tradição judaico-cristã, a fim de dar maior coerência ao nosso compromisso com o meio ambiente" [Capítulo II]. Por fim, propõe "uma ecologia que, nas suas várias dimensões, integre o lugar específico que o ser humano ocupa neste mundo e as suas reações com a realidade que o rodeia" [Capítulo IV], verifica "algumas das grandes linhas de diálogo e de ação que envolvem, seja cada um de nós, seja a política internacional" [Capítulo V] e propõe "algumas linhas de maturação humana inspiradas no tesouro da experiência espiritual cristã" [Capítulo VI] (15).

O papa adverte no fim da introdução da encíclica:

Embora cada capítulo tenha a sua temática própria e uma metodologia específica, o [capítulo] seguinte retoma por sua vez, a partir de uma nova perspectiva, questões importantes abordadas nos capítulos anteriores. Isto diz respeito especialmente a alguns eixos que atravessam a encíclica inteira. Por exemplo: a relação íntima entre os pobres e a fragilidade do planeta, a convicção de que tudo está estreitamente interligado no mundo, a crítica do novo paradigma e das formas de poder que derivam da tecnologia, o convite a procurar outras maneiras de entender a economia e o progresso, o valor próprio de cada criatura, o sentido humano da ecologia, a necessidade de debates sinceros e honestos, a grave responsabilidade da política internacional e local, a cultura do descarte e a proposta de um novo estilo de vida. Estes temas nunca se dão por encerrados nem se abandonam, mas são constantemente retomados e enriquecidos (16).

Essa visão panorâmica da encíclica e dos eixos fundamentais que a estruturam nos ajuda a perceber a amplidão e complexidade da reflexão desenvolvida. Cada capítulo deste livro se ocupa de um tema, de uma problemática ou de uma abordagem desenvolvidos no texto, uma espécie de "guia de leitura" que retoma e sistematiza o texto e facilita e provoca o debate. Aqui nos interessa recolher e sistematizar os vários elementos que estruturam a reflexão teológica sobre a problemática ambiental na encíclica; pontos mais ou menos desenvolvidos ou apenas intuídos; e elementos que provocam, envolvem e comprometem a comunidade teológica.

2. Contribuições teológicas

Pode parecer estranho que uma carta dirigida a todas as pessoas e a todos os povos se detenha em apresentar as "convicções", as "motivações" e as "exigências" da fé cristã em relação à problemática socioambiental (cf. 17, 62, 64).

No entanto, ao considerar

> a complexidade da crise ecológica e as suas múltiplas causas, deveremos reconhecer que as soluções não podem vir de uma única maneira de interpretar e transformar a realidade. É necessário recorrer também às diversas riquezas culturais dos povos, à arte e à poesia, à vida interior e à espiritualidade. Se quisermos, de verdade, uma ecologia que nos permita reparar tudo o que temos destruído, então nenhum ramo das ciências e nenhuma forma de sabedoria pode ser preterida, nem sequer a sabedoria religiosa com sua linguagem própria (63).

Além do mais, "embora esta encíclica se abra a um diálogo com todos para, juntos, buscarmos caminhos de libertação", é importante mostrar

> como as convicções da fé oferecem aos cristãos – e, em parte, também aos não cristãos – motivações importantes para cuidar da natureza e dos irmãos e irmãs mais frágeis. Se, pelo simples fato de serem humanas, as pessoas se sentem motivadas a cuidar do ambiente de que fazem parte, "os cristãos, em particular, advertem que a sua tarefa no seio da criação e os seus deveres em relação à natureza e ao Criador fazem parte de sua fé". Por isso é bom, para a humanidade e para o mundo, que nós, crentes, conheçamos melhor os compromissos ecológicos que brotam das nossas convicções. (64)

Certamente, essas convicções nem sempre foram tão claras nem muito menos levadas a sério pelos cristãos. Não sem razão, pesa sobre o "pensamento judaico-cristão" a acusação de favorecer "a exploração selvagem da natureza, apresentando uma imagem do ser humano como dominador e devastador" (67). Mas tais convicções vêm sendo explicitadas e reelaboradas pela Igreja nos últimos tempos em diálogo com cientistas, filósofos, teólogos, Igrejas, religiões e organizações sociais no mundo inteiro (cf. 7).

Revisitando a Escritura e a Tradição da Igreja, de modo particular o testemunho de Francisco de Assis (cf. 10-12) e textos dos últimos papas (cf. 3-6), do Pontifício Conselho "Justiça e Paz", de várias conferências episcopais[1] e até mesmo de outras Igrejas (cf. 7-9), Francisco recolhe e apresenta algumas convicções cristãs fundamentais para o enfrentamento da problemática ambiental, ao mesmo tempo que corrige interpretações ambíguas ou erradas da fé cristã que podem favorecer o "domínio despótico do ser humano sobre a criação" (cf. 67, 121, 200).

Vamos resumir e sistematizar essas "convicções", ou "motivações", ou "exigências" da fé em cinco pontos que esboçaremos a seguir e que formularemos com expressões do próprio documento: "evangelho da criação", "pecados contra a criação", "conversão ecológica", "espiritualidade ecológica" e "esperança".

3. "Evangelho da criação"

A colaboração dos cristãos no enfrentamento dos problemas socioambientais está profundamente vinculada ao modo como

---

[1] Francisco cita textos de dezessete conferências episcopais, algo raro ou mesmo inédito em documentos dos bispos de Roma. Com isso, reforça, em sintonia com o Concílio Vaticano II, a importância e a necessidade de um processo de descentralização na Igreja que reconheça as conferências episcopais como "sujeitos de atribuições concretas, incluindo alguma autêntica autoridade doutrinal", como indica em sua exortação apostólica *Evangelii Gaudium* (32).

se entende, na fé cristã, o vínculo essencial entre a relação com Deus e a relação com o conjunto da criação. Isso faz com que as questões sociais e ambientais sejam questões de fé (cf. 9, 12, 33, 65, 233ss, 238ss, 243ss) e, consequentemente, faz com que o compromisso socioambiental dos cristãos seja um compromisso de fé (cf. 5, 13s, 53, 63, 64, 65, 68, 78, 93ss, 214).

Na tradição judaico-cristã, dizer "criação" é mais do que dizer natureza, porque tem a ver com um projeto de amor de Deus, onde cada criatura tem um valor e um significado. A natureza tem a ver habitualmente com um sistema que se analisa, compreende e gere, mas a criação só se pode conceber como um dom que vem das mãos abertas do Pai de todos, como uma realidade iluminada pelo amor que nos chama a uma comunhão universal (76).

No contexto mais amplo da criação, situa-se a humanidade, criada à imagem e semelhança de Deus (cf. 62) e com a tarefa de cultivar e guardar o jardim do mundo (cf. 62). Conforme as narrativas bíblicas, a realidade humana aparece em relação a Deus, ao próximo e à terra (cf. 66), com uma "imensa dignidade" (65) e com uma "responsabilidade perante uma terra que é de Deus" (68). Aparece, simultaneamente, como *parte da criação* e como *corresponsável pela criação,* para além de todo "antropocentrismo despótico" (68) e de todo "biocentrismo" cínico (118).

O fato de insistir na afirmação de que o ser humano é imagem de Deus não deveria fazer-nos esquecer de que toda criatura tem uma função e nenhuma é supérflua. Todo o universo material é uma linguagem do amor de Deus, do seu carinho sem medida por nós (84).

[Mas] isto não significa igualar todos os seres vivos e tirar do ser humano aquele seu valor peculiar que, simultaneamente, implica uma tremenda responsabilidade (90; cf. 118-121).

Às vezes nota-se a obsessão de negar qualquer preeminência à pessoa humana, conduzindo-se uma luta em prol das outras espécies que não se vê na hora de defender igual dignidade entre os seres humanos (90).

E o Papa Francisco continua sua reflexão, afirmando:

Devemos, certamente, ter a preocupação de que os outros seres vivos não sejam tratados de forma irresponsável, mas deveriam indignar-nos, sobretudo, as enormes desigualdades que existem entre nós, porque continuamos a tolerar que alguns se considerem mais dignos do que outros (90).

Não pode ser autêntico um sentimento de união íntima com os outros seres da natureza, se ao mesmo tempo não houver no coração ternura, compaixão e preocupação pelos seres humanos. É evidente a incoerência de quem luta contra o tráfico de animais em risco de extinção, mas fica completamente indiferente perante o tráfico de pessoas, desinteressa-se dos pobres ou procura destruir outro ser humano de que não gosta [...] Por isso, exige-se uma preocupação pelo meio ambiente, unida ao amor sincero pelos seres humanos e a um compromisso constante com os problemas da sociedade (91).

[...] toda a abordagem ecológica deve integrar uma perspectiva social que tenha em conta os direitos fundamentais dos mais desfavorecidos (93).

Desse modo, o "evangelho da criação" é um evangelho ecossocial. Diz respeito a toda a criação e, nela, de modo particular, à criatura humana. A grande boa notícia que nós, cristãos, temos para compartilhar com o mundo é que, para nós, todos os seres são criaturas de Deus, expressão do seu amor, manifestação de sua glória e, portanto, muito mais que meros recursos, meios ou instrumentos; e que a criatura humana tem uma "especial dignidade" que implica uma "tremenda responsabilidade" com o conjunto da criação. Ofender a criação e particularmente a criatura humana é ofender a Deus. Cuidar da criação, sobretudo da vida humana, é colaborar com a obra criadora de Deus, assumindo a tarefa que ele nos confiou.

4. "Pecados contra a criação"

O "evangelho da criação" diz respeito ao desígnio de Deus para toda a criação e à relação da criatura humana com o conjunto da criação. Ele é, ao mesmo tempo, *parte da criação* e *corresponsável pela criação*. Reduzir a criação a mero instrumento ou recurso e/ou desresponsabilizar-se do cuidado da criação é romper com Deus, negando ou mesmo atentando contra seu desígnio criador. E nisso, precisamente, consiste o pecado, enquanto ruptura e/ou oposição a Deus.

É neste sentido que Francisco fala, com o Patriarca Bartolomeu, de "pecados contra a criação":

> Quando os seres humanos destroem a biodiversidade na criação de Deus; quando os seres humanos comprometem a integridade da terra e contribuem para a mudança climática, desnudando a terra das suas florestas naturais ou destruindo as suas zonas úmidas; quando os seres humanos contaminam as águas, o solo, o ar... tudo isso é pecado. [Porque] um crime contra a natureza é um crime contra nós mesmos e um pecado contra Deus (8).

Trata-se, aqui, de uma nova dimensão do pecado e, sobretudo, da consciência e explicitação de uma nova configuração e manifestação do pecado em nosso mundo: "[...] o pecado manifesta-se hoje, com toda a sua força de destruição, nas guerras, nas várias formas de violência e abuso, no abandono dos mais frágeis, nos ataques contra a natureza" (66).

Para os cristãos, a atual "crise ecológica", mais que uma crise social e ambiental, é uma crise espiritual que diz respeito, negativamente, à nossa relação com Deus. É, certamente, "um crime contra a natureza" e "um crime contra nós mesmos" (8). É, sem dúvida, uma injustiça socioambiental, em que uns lucram com a crise e outros padecem com ela e pagam seu preço (cf. 36, 51, 142, 195). Mas é, em última instância, "um pecado contra Deus" (8). Esse crime contra a natureza e contra nós mesmos e essa injustiça socioambiental se configuram, na prática, como ruptura com Deus; é um atentado contra sua obra criadora e seu desígnio criador para o ser humano. Em linguagem mais poética e profética, poderíamos dizer que o grito da terra e o grito do pobre (cf. 49, 53, 117) são em última instância um grito de Deus. É toda a problemática do "pecado ecológico"[2] que precisa ser melhor explicitada, desenvolvida e elaborada.

5. "Conversão ecológica"

A consciência dos "pecados contra a criação" ou do caráter pecaminoso da crise ecológica é inseparável do chamado à conversão. Já o Papa São João Paulo II falava da necessidade de

---

[2] O texto-base da CF 2011 – "Fraternidade e a vida no planeta" – já fazia referência à "dimensão ecológica" do pecado (cf. 180-183).

uma "conversão ecológica global" (5). E o Patriarca Bartolomeu insistiu particularmente na "necessidade de cada um se arrepender do próprio modo de maltratar o planeta, porque 'todos, na medida em que causamos pequenos danos ecológicos', somos chamados a reconhecer 'a nossa contribuição – pequena ou grande – para a desfiguração e destruição do ambiente'" (8).

Recordando o testemunho de Francisco de Assis, "exemplo por excelência do cuidado pelo que é frágil e por uma ecologia integral" (10), o Papa Francisco renova o apelo a uma verdadeira "conversão ecológica" (cf. 216-221), na linha de "uma sã relação com a criação, como dimensão da conversão integral da pessoa" ou de uma "reconciliação com a criação", o que implica reconhecimento do pecado, arrependimento de coração e mudança de vida (218).

Este apelo se dirige em primeiro lugar aos cristãos: "[...] nós, cristãos, nem sempre recolhemos e fizemos frutificar as riquezas dadas por Deus à Igreja, nas quais a espiritualidade não está desligada do próprio corpo nem da natureza ou das realidades deste mundo, mas vive com elas e nelas, em comunhão com tudo o que nos rodeia" (216).

Alguns "frequentemente se burlam das preocupações pelo meio ambiente" e outros "não se decidem a mudar os seus hábitos e tornam-se incoerentes". Daí que "a crise ecológica [seja] um apelo a uma profunda conversão interior" (217).

Mas isso não é suficiente. Exige-se o desenvolvimento da dimensão comunitária da conversão:

> Todavia, para se resolver uma situação tão complexa como esta que o mundo atual enfrenta, não basta que cada um seja melhor. Os indivíduos isolados podem perder a capacidade e a liberdade

de vencer a lógica da razão instrumental e acabam por sucumbir a um consumismo sem ética nem sentido social e ambiental. Aos problemas sociais responde-se não com a mera soma de bens individuais, mas com redes comunitárias [...] A conversão ecológica, que se requer para criar um dinamismo de mudança duradoura, é também uma conversão comunitária (219).

Assim, a "conversão ecológica", de que fala o Papa Francisco, é tanto uma "conversão interior" quanto uma "conversão comunitária". Pessoas novas e sociedades novas para uma nova relação entre si e com a natureza. Portanto, conversão "global" (5) ou "integral" (218): conversão das pessoas e das estruturas da sociedade.

6. "Espiritualidade ecológica"

A "conversão ecológica" se dá e se manifesta na vivência de uma autêntica "espiritualidade ecológica", "pois aquilo que o Evangelho nos ensina tem consequências no nosso modo de pensar, sentir e viver" (216). A espiritualidade não tem a ver apenas nem em primeiro lugar com "doutrinas", mas, antes, com "uma mística que nos anima", com "uma moção interior que impele, motiva, encoraja e dá sentido à ação pessoal e comunitária" (216).

Ela comporta e se traduz em "várias atitudes que se conjugam para ativar um cuidado generoso e cheio de ternura" com o conjunto da criação, em particular com a criatura humana: "gratidão e gratuidade" perante o mundo "como dom recebido do amor do Pai"; "consciência amorosa de não estar separado das outras criaturas, mas de formar com os outros seres uma estupenda comunhão universal"; desenvolvimento da "criatividade e entusiasmo" humanos "para resolver os dramas do mundo", reconhecendo sua "superioridade" não "como motivo de glória pessoal nem de domínio irresponsável, mas como uma capacidade diferente que, por sua vez, lhe impõe uma grave responsabilidade derivada da sua fé" (220).

E isso tanto no que compete a "uma forma alternativa de entender a qualidade de vida, encorajando um estilo de vida profético e contemplativo, capaz de gerar profunda alegria sem estar obcecado pelo consumo" (222), quanto no que diz respeito às "macrorrelações como relacionamentos sociais, econômicos, políticos" (231). Pois "o amor, cheio de pequenos gestos de cuidado mútuo, é também civil e político, manifestando-se em todas as ações que procuram construir um mundo melhor" (231).

> Juntamente com a importância dos pequenos gestos diários, o amor social impele-nos a pensar em grandes estratégias que detenham eficazmente a degradação ambiental e incentivem uma *cultura do cuidado* que permeie toda a sociedade. Quando alguém reconhece a vocação de Deus para intervir juntamente com os outros nestas dinâmicas sociais, deve lembrar que isto faz parte da sua espiritualidade, é exercício da caridade e, deste modo, amadurece e se santifica (231).

O amor social se exercita tanto numa atuação mais diretamente política quanto mediante "associações que intervêm em prol do bem comum, defendendo o meio ambiente natural e urbano" (232).

A "espiritualidade ecológica" é inseparável de uma "educação ecológica". É preciso "educar para a aliança entre a humanidade e o ambiente" (cf. 209-215). Certamente, "compete à política e às várias associações um esforço de formação das consciências da população". Mas isso "compete também à Igreja":

> Todas as comunidades cristãs têm um papel importante a desempenhar nesta educação. Espero também que, nos nossos Seminários e Casa Religiosas de Formação, se eduque para uma austeridade responsável, a grata contemplação do mundo, o cuidado da fragilidade dos pobres e do meio ambiente (214).
> É preciso ter presente que os modelos de pensamento influem realmente nos comportamentos (215).

A "espiritualidade ecológica" é expressão de uma autêntica "conversão ecológica" ao "evangelho da criação", o que significa, na linha de Francisco de Assis, uma "reconciliação universal com todas as criaturas", uma espécie de volta ou reestabelecimento do "estado de inocência original" em que a existência humana aparece em relação harmoniosa com Deus, com o próximo e com a terra (cf. 66).

7. Esperança

Se é impactante o realismo com que Francisco trata os "efeitos" e as "causas" da "crise ecológica", não menos impactante é o otimismo e a esperança com que ele a aborda. É um texto dramático, mas não catastrófico. É perpassado de esperança do começo ao fim; nem ingênua nem cínica, mas uma esperança comprometida e comprometedora: "A esperança convida-nos a reconhecer que sempre há uma saída, sempre podemos mudar de rumo, sempre podemos fazer alguma coisa para resolver os problemas" (61).

Essa esperança se funda e se nutre em última instância em Deus, que sempre oferece à humanidade "a possibilidade de um novo início" (71). Não obstante o nosso pecado,

> Deus, que deseja atuar conosco e contar com a nossa colaboração, é capaz também de tirar algo bom dos males que praticamos, porque "o Espírito Santo possui uma inventiva infinita, própria da mente divina, que sabe prover e desfazer os nós das vicissitudes humanas mais complexas e impenetráveis" [...] Esta presença divina, que garante a permanência e o desenvolvimento de cada ser, "é a continuação da ação criadora". O Espírito de Deus encheu o universo de potencialidades que permitem que, do próprio seio das coisas, possa brotar sempre algo novo [...] (80).

Aqui está o fundamento e a fonte da esperança que perpassam a encíclica e nos anima e compromete no enfrentamento na crise ecológica:

> Mas nem tudo está perdido, porque os seres humanos, capazes de tocar o fundo da degradação, podem também se superar, voltar a escolher o bem e regenerar-se, para além de qualquer condicionalismo psicológico e social que lhes seja imposto. São capazes de olhar para si mesmos com honestidade, externar o próprio pesar e encetar caminhos novos rumo à verdadeira liberdade. Não há sistemas que anulem, por completo, a abertura ao bem, à verdade e à beleza, nem a capacidade de reagir que Deus continua a animar no mais fundo dos nossos corações (205).

Tal certeza permite a Francisco enfrentar de forma tão realista o drama socioambiental que vivemos sem perder a lucidez nem a esperança. Ela o leva a buscar e discernir sinais e indícios de novidade ou alternativa no mundo, não obstante seus limites e ambiguidades (cf. 26, 34, 35, 37, 54, 55, 58, 111, 112, 167, 168,

169, 179, 180, 206, 211), sem, porém, iludir-se com soluções aparentes ou cínicas (cf. 170, 171, 194, 197). Nem tudo está perdido. Nada neste mundo é definitivo. Sempre há ou pode haver uma saída... Deus nunca nos abandona... Seu Espírito continua agindo e recriando o mundo... Há esperança... Esperemos comprometidamente...

Concluindo...

Essas "convicções" de fé indicadas pela encíclica e aqui simplesmente esboçadas são fundamentais e determinantes na vida cristã. Constituem a base e as motivações da ação cristã no mundo, individual e/ou socialmente considerada, e, assim, são uma contribuição teórica e prática no enfrentamento da atual crise ecológica.

Convém, em todo caso, advertir, com Francisco, que essas "convicções" de fé "podem soar como uma mensagem repetida e vazia, se não forem apresentadas novamente a partir de um confronto com o contexto atual no que este tem de inédito para a história da humanidade" (17). É que a teologia não é apenas uma *teoria da fé,* mais ou menos correta e adequada, a ser decorada e repetida a modo de catecismo. Consiste também, e sempre, em um *serviço à fé,* uma convicção que orienta e motiva a ação dos cristãos no mundo, sendo sempre de novo confrontada e reelaborada nos contextos e nas circunstâncias em que a fé é vivida e celebrada.

3

Conversão ecológica: "conversão da conversão"

*Luiz Carlos Susin**

Introdução

Da conversão ao céu para a conversão à terra: trata-se de uma revolução no processo de conversão que tradicionalmente é evocado na espiritualidade. Se examinarmos de perto certos clássicos da espiritualidade cristã, como o livrinho de Thomas de Kempis *A imitação de Cristo*, só para ficar num exemplo paradigmático que educou gerações de cristãos dedicados fervorosamente ao caminho de Cristo, o que tínhamos era um processo de *abstentio mundi* e até de *aversio mundi* e *fuga mundi* para poder fazer uma *conversio ad Deum*.[1] O quanto tal postura absorveu da espiritualidade helênica, e por trás dela, desde o zoroastrismo, toda a cultura indo-europeia, com seu dualismo sedutor, seria um caminho interessante a examinar, mas aqui é apenas uma introdução. O fato é que uma melhor hermenêutica

---
* Frade capuchinho, com formação em Filosofia e Teologia. Professor na Pontifícia Universidade Católica do Rio Grande do Sul e na Escola Superior de Teologia e Espiritualidade Franciscana, em Porto Alegre. Membro do corpo editorial da revista *Concilium*.
[1] Em português: abster-se do mundo, aversão ao mundo e fuga do mundo para poder fazer uma conversão a Deus.

bíblica e uma renovação da antropologia cristã, com boa cristologia e teologia da criação, nos permitiram um assento bíblico renovado e uma postura mais adequada em relação ao mundo.

O Concílio Vaticano II, sobretudo o documento *Gaudium et Spes*, mostra bem a nova postura.[2] Mas o próprio Concílio não foi tão incisivo – nem podia, no contexto da metade do século XX – em questões ecológicas. Desde o Concílio começaram resistências tradicionalistas mais ou menos declaradas no corpo eclesial, por conta da nova postura conciliar. Não é de estranhar que haja desconfiança por parte destes mesmos grupos tradicionalistas em relação à encíclica *Laudato Si'*: ela dá mais um passo numa *conversio ad mundum* (conversão ao mundo) de forma cristã, no seguimento da encarnação do Filho de Deus e do desígnio do Reino de Deus, Sábado da Nova Criação.

Estamos, portanto, na antípoda da conversão como *fuga mundi* (fuga do mundo), somos chamados a uma "conversão da conversão", que não é somente uma questão semântica ou epistemológica, mas teológica e espiritual. O papa diz isso com todas as letras, até em título, para não deixar dúvidas, até mesmo repreendendo os cristãos que ainda hesitam diante dos sinais dos tempos, dos apelos de conversão que estão por todo lado como verdadeiro clamor da "irmã e mãe terra" (São Francisco).

Também essa conversão, como se costuma verificar nas grandes e pequenas conversões de homens e mulheres que passaram por processos de transformação em suas vidas, dá-se em etapas, primeiro de saturação e até excesso, de desencanto e decepção,

---

[2] Cf. O'MALLEY, John W. *What happened at Vatican II*. Cambridge: Harvard University Press, 2008.

de angústia e solidão, depois de busca mais ou menos intensa, de discernimento, de exercícios frequentemente dolorosos de novos passos. Tudo isso está presente na vida de muitos santos e santas. E está igualmente presente no atual processo de "conversão da conversão": confiar na ajuda celeste para que cuidemos da terra, porque à força de maltratar a terra ela está em perigo de nem mais ser um caminho para o céu. Portanto, conversão exigida pela crise, como normalmente acontece às vésperas. Toma novo sentido a afirmação do poeta alemão do século XIX Hölderlin: "Lá onde cresce o perigo, cresce também a salvação".

O percurso do Papa Francisco, chamando-nos à conversão ecológica, "conversão da conversão", será aqui traçado em quatro breves pontos: o marco de Aparecida e o apelo à "conversão pastoral" da Igreja, a conversão propriamente ecológica, a conversão franciscana que a inspira, e finalmente, em termos práticos, o que isso significa para o aprendizado na nova espiritualidade a integração da ecoalfabetização e de nova linguagem ecológica.

1. Aparecida: conversão pastoral

É bem sabido que o Papa Francisco, quando arcebispo de Buenos Aires, por ocasião da assembleia dos bispos latino-americanos em Aparecida, em 2007, trabalhou intensamente como presidente da comissão de redação. Mais do que qualquer outro participante, ele se apropriou do conjunto do documento. Sobretudo, mais do que qualquer outro, deixou sua marca no documento, e em ambos os ângulos se pode traçar a continuidade e o amadurecimento do processo nos documentos pontifícios que portam seu nome, *Evangelii Gaudium* e *Laudato*

Si'. Interessa-nos aqui a "conversão pastoral", uma afortunada expressão do *Documento de Aparecida* (cf. 365-372).

A conversão pastoral se situa no começo da terceira parte do documento – "A vida de Jesus Cristo para nossos povos" – e dentro do primeiro capítulo desta parte, que é o sétimo de todo o documento – "A missão dos discípulos a serviço da vida plena". E, de fato, a palavra *vida* inspira todos os demais subtítulos desse capítulo – viver e comunicar vida, serviço e missão de vida em abundância, renovação de uma missão sem fronteiras. A conversão pastoral evoca em certa medida o horizonte conciliar da "pastoralidade" que mudou a forma de fazer concílio. Desde o primeiro grande concílio da Igreja, de Niceia, em 325, sob a supervisão do imperador Constantino, o gênero literário dos documentos conciliares e episcopais em geral era sempre de governo, era jurídico e canônico. Mesmo as declarações dogmáticas terminavam em cânones e, mesmo, em penalidades – anátemas. Um gênero mais "epidítico" do que apodítico – de incentivo, de animação, de convite à mudança e à ação – tomou conta da Igreja depois do Concílio Vaticano II.[3]

O processo de elaboração de documentos do episcopado latino-americano foi exemplar nesse sentido. Segundo Dom Boaventura Kloppenburg, tratou-se realmente de um novo gênero literário de magistério.[4] O *Documento de Aparecida* desenvolve

---

[3] Cf. O'MALLEY, John. *Vaticano II; a crise, a resolução, o fator Francisco*. São Leopoldo: Instituto Humanitas Unisinos, 2015. Cadernos Teologia Pública, n. 94.

[4] Cf. KLOPPENBURG, Boaventura. Novo gênero literário para o magistério autêntico ordinário dos bispos. In: SUSIN, Luiz Carlos (org.). *O mar se abriu. Trinta anos de teologia na América Latina*. São Paulo: Loyola/Soter, 2000.

ainda mais a forma epidítica de animação, incentivo. É nesse clima positivo que se entende o convite à conversão.

A conversão pastoral não é um apelo apenas aos bispos, mas a toda a Igreja, às comunidades e às pessoas, às formas de organização e movimento. Tudo deve ser considerado e avaliado sob a ótica de um esforço de conversão de caráter pastoral. Portanto, o caráter ascético e místico, que tradicionalmente compôs os processos de conversão, tem agora a inspiração, o horizonte, a mística e ascética "pastoral".

O mais importante, para o nosso caso, é o conteúdo: a "pastoralidade" da conversão pastoral tem em vista não em primeiro lugar converter pessoas para a Igreja, nem propriamente para o âmbito divino, mas sim para a "vida". E Deus não está excluído nem em segundo lugar, pois ele é o *Deus vivo*, e só vivos glorificam a Deus. Exatamente por isso, em termos práticos, glorificar a Deus é viver e cuidar da vida: *gloria Dei homo vivens* – a glória de Deus é o ser humano vivo, segundo Santo Irineu. Por isso a palavra "vida" está no centro da conversão pastoral. É assim que a conversão extrapola a Igreja, a religião, e engloba todas as esferas da vida. O que a filosofia e a ética atual chamam frequentemente de "o mundo da vida" é o que interessa a Deus e deve interessar à Igreja. E de vida está cheia a terra, mas é preciso cuidado. O *Documento de Aparecida* traz elementos de ecologia como preocupação pastoral (cf. 83, 125-126, 472-474, 491).

2. *Laudato Si'*: conversão ecológica

De uma conversão pastoral que tenha como centro o cuidado pela vida para uma conversão ecológica, o passo é inteiramente coerente. O papa fala reiteradamente de conversão ecológica com a naturalidade de quem está habituado, sem desconhecer que há cristãos habituados à conversão no sentido contrário, aversão ao mundo (*aversio mundi*) (217). Mas ele reflete sobre isso com clareza e suavidade para que se compreenda que a conversão a Cristo encarnado e aos desígnios de Deus comporta necessariamente uma conversão ecológica, sobretudo neste momento em que "a crise ecológica é um apelo a uma profunda conversão interior" (217). Lembra que "a espiritualidade não está desligada do próprio corpo nem da natureza ou das realidades deste mundo, mas vive com elas e nelas, em comunhão com tudo o que nos rodeia" (216).

Segundo o catecismo tradicional, a confissão comporta outros quatro elementos, três anteriores e um posterior, num verdadeiro processo de conversão: exame de consciência, arrependimento de coração, propósito de emenda, prática da penitência. A conversão ecológica comporta o mesmo processo: uma tomada de consciência, um arrependimento a respeito do nosso destrutivo *way of life* (estilo de vida), um propósito de novo modo de vida, um exercício de vida nova. Tudo isso é aplicado pelo papa à nova postura que a crise ecológica exige, até mesmo recorrendo ao magistério pontifício anterior e ao magistério dos episcopados. A conversão ecológica requer, além disso, uma superação da conversão reduzida à esfera individual. Postula a dimensão comunitária, mesmo o esforço comunitário de conversão, e a incidência social em todas as suas esferas: cultural, econômica, política. Pois só assim poderá ter eficácia e não redundará numa consciência individual impotente e angustiada. E, para tanto, o papa cita o seu mestre, Romano Guardini: "Será necessária uma união de forças e uma unidade de contribuições" (219).

A conversão tem aporte importante, sempre segundo Francisco, na consciência de que não existimos separados do mundo, mas que formamos com todos os elementos da natureza uma comunhão amorosa. Por isso, é de forma "amorosa" que tanto tomamos consciência como agimos no mundo – ressonâncias típicas de Teillhard de Chardin, cujo pensamento o papa jesuíta certamente conhece. A própria contemplação mística do mundo, enfim, é lembrada como forma de se aproximar do mundo com a energia de quem se inclina responsavelmente no cuidado pelas demais criaturas.

Também nesse ponto Francisco de Roma lembra mais uma vez a figura de Francisco de Assis, o padroeiro da ecologia e dos animais. Convém aprofundar a conversão de Francisco à ecologia em novo item.

3. Francisco de Assis: conversão à fraternidade criatural

Há um perigoso romantismo que ronda a figura de Francisco de Assis falando aos pássaros, às flores e às estrelas. É necessário conhecer minimamente o percurso de conversão de Francisco de Assis para entender sua nova sensibilidade fraternal para com todas as criaturas. Pode-se até conceder que ele, educado por uma mãe de trato fino e elegante, tenha desenvolvido naturalmente o encanto pelos elementos e pela poesia. Mas estudos do santo, inclusive psiquiátricos, revelaram um desenvolvimento de personalidade complicado que o atormentou desde sua vida familiar, pois em contraponto tinha um pai preocupado em enriquecer e dar-lhe a vida nobre que o pai, filho da burguesia, não tivera. E, de antemão, repassava recurso para que o filho fosse o "rei das festas de juventude", prolongando-lhe a adolescência irresponsável e um narcisismo inflado por uma mania de grandeza sem limites.[5] O *kairós* da mudança de vida começou com a prisão prolongada – um ano em porão úmido – e a doença insidiosa que o deixou prostrado. Francisco caiu no desencanto e no desespero, o balão da mania de grandeza estourou e sobreveio a depressão. Sobre as belezas da natureza, o seu primeiro biógrafo, Tomás de Celano, diz textualmente:

> Já um pouco melhor, e firmado em um bastão, começou a andar pela casa para recuperar as forças. Certo dia saiu à rua e começou a observar com curiosidade a região que o cercava. Mas nem a beleza dos campos, nem o encanto das vinhas, nem coisa alguma que é agradável de se ver conseguia satisfazê-lo. Admirava-se por isso de sua mudança repentina e começou a julgar loucos os que amam essas coisas.[6]

Daí até o Cântico do Irmão Sol, obra-prima de teologia ecológica em poesia cristalina como pérola sem falta nem sobra, Francisco fez um percurso intenso de vinte anos de contínua conversão. Sua relação com as criaturas foi, em primeiro lugar, purificada da mania de grandeza. O mergulho numa *kénosis* e num despojamento ficou prescrito para todos os seus seguidores como *sine proprium* – "sem propriedade", o voto que todo franciscano deve fazer (e não propriamente "pobreza", apesar da fama da pobreza franciscana). O *sine proprium* não comporta apenas bens, coisas, mas, em primeiro lugar, despojamento das

---

[5] CHARRON, Jean-Marc. *De Narcisse à Jésus*. La quête de l'identité chez François d'Assise. Montréal: Paulines, 1992.

[6] TOMÁS DE CELANO. Vida I, 3. In: *São Francisco de Assis*. Escritos e biografias. 3. ed. Petrópolis: Vozes, 1983.

próprias raízes do entesouramento que está no coração humano, o desejo de possuir, de se assegurar, de ser dono e senhor.

Até mesmo os sentimentos de apropriação, mais profundamente do que os pensamentos, são renunciados para dar espaço à liberdade e ao nascimento de uma nova relação. A fraternidade e a sororidade, a confraternização de todas as criaturas, até o lobo feroz, o fogo e o vento, as estrelas mais longínquas: agora são todos irmãos e irmãs de fato na família sabática que louva o Criador.[7]

O Papa Francisco viu bem que por trás da crise ecológica está uma antropologia equivocada, a de ser soberano ao invés de irmão (cf. 115; 118-119; 122). São Francisco de Assis é, antes de tudo, um modelo do processo de conversão ecológica. À observação de que o papa teria derivado para a moda de uma espécie de panteísmo da mãe terra, ao começar a encíclica ecológica com a citação do Cântico de Francisco (1) – "Louvado sejas, meu Senhor, pela nossa irmã, a mãe terra, que nos sustenta e governa e produz variados frutos com flores coloridas e ervas" –, é necessário sublinhar que a adjetivação "irmã" precede a de mãe. Embora esta permaneça fazendo unidade de palavra com "terra", uma percepção criatural da maternidade da terra, criatura e irmã, mas na condição maternal ao modo da própria mãe de Francisco, Dona Pica, ou de Maria, mãe de Jesus, nossa mãe espiritual, que não são mães divinas. Pelo contrário, em Francisco de Assis o processo de afastamento doloroso da mãe e da simbiose à qual o atava o narcisismo anterior à conversão lhe deu liberdade para uma conversão com a ousadia de recuperar tudo sem receio

---

[7] Para mais detalhes sobre este percurso do padroeiro da ecologia, cf.: SUSIN, Luiz Carlos; ZAMPIERI, Gilmar. *A vida dos outros*. Ética e teologia da libertação animal. São Paulo: Paulinas, 2015.

de queda em novos tipos de narcisismo camuflado por trás da vontade de riqueza e de poder. Aprendeu a amar e compreender o segredo mais profundo da criação, até mesmo a reciprocidade vital. Nós temos, hoje, condições de compreender estes segredos também pela ciência. É o que se chama *alfabetização ecológica*.

4. Conversão e alfabetização ecológica

Há uma analogia estimulante – ou talvez uma aliança – entre "conversão" e "alfabetização" ecológicas. O autor referencial mais conhecido na justificação da urgência de uma nova forma de alfabetização, chamada de "alfabetização ecológica", é o físico austríaco Fritjof Capra, autor de *O tao da física*, *O ponto de mutação* e *A teia da vida*, entre outros. Ele e seus colaboradores desenvolveram, no Centro para Ecoalfabetização, em Berkeley, na Califórnia, estudos interdisciplinares levando em conta a complexidade sistêmica da realidade, que tem a vida como elemento integrador. Sua proposta de alfabetização ecológica abrange um programa de educação que começa com a criança ainda em tenra idade, enquanto tem ainda sensibilidade para o sistema da vida:

[...] o padrão básico de organização da vida é o da rede ou teia; a matéria percorre ciclicamente a teia da vida; todos os ciclos ecológicos são sustentados pelo fluxo constante de energia proveniente do sol. Esses três fenômenos básicos – a teia da vida, os ciclos da natureza e o fluxo de energia – são exatamente os fenômenos que as crianças vivenciam, exploram e entendem por meio de experiências diretas com o mundo natural.[8]

---

[8] CAPRA, Fritjof. Alfabetização ecológica. Apud: MIRANDA, Ana Célia de Brito; JÓFILI, Zélia Maria Soares; LEÃO, Ana Maria dos Anjos Carneiro; LINS,

A criança não é apenas *tabula rasa* com mais facilidade de apreender o novo paradigma. Na verdade, ela tem sensibilidade e conhecimento sistêmico sem as esquizofrenias do tipo de educação que se segue aos primeiros anos. A proposta de uma nova educação para crianças é a de desenvolver a vivência e o entendimento provindos da experiência direta com os três fenômenos básicos da teia da vida antes mencionados. Mas quanto ao adulto, é mais complicado: precisamos nos "reeducar". E, como em todo aprendizado que exige mudança de paradigma, para aprender uma nova relação e uma nova linguagem é necessário começar "desaprendendo", desfazendo-nos dos resíduos e ruídos do velho paradigma. Toda passagem radical de paradigmas começa pela renúncia, pela desapropriação e pelo *desaprendizado*. Em nosso caso, trata-se de desaprender a forma dura, mecanicista, cartesiana, linear, tecnocrática, de relações com o ambiente para abrir-se e exercitar relações realmente ecológicas, sistêmicas, complexas, cuja imagem é a rede ou a teia regida por princípios de interdependência, interação, reciclagem, parceria, flexibilidade e diversidade.

Portanto, para adultos exige-se uma "conversão" ecológica para uma alfabetização ecológica, e essa conversão passa pela mente, pela mão e pelo coração, segundo o grupo de Capra, que estabelece alguns passos, começando pelo reconhecimento de que:

- O desequilíbrio dos ecossistemas reflete um desequilíbrio anterior da mente, tornando-o uma questão fundamental nas

---

Mônica. Alfabetização ecológica e formação de conceitos na educação infantil por meio de atividades lúdicas. In: *Investigações em Ensino de Ciências*, v. 15(1), p. 182, 2010. Disponível em: <http://www.if.ufrgs.br/ienci/artigos/Artigo_ID233/v15_n1_a2010.pdf>, p. 182.

instituições voltadas para o aperfeiçoamento da mente. Em outras palavras, a crise ecológica é, em todos os sentidos, uma crise de educação.
- O problema [...] é *de* educação; não *está* meramente *na* educação.
- Toda educação é educação ambiental [...] com a qual, por inclusão ou exclusão, ensinamos aos jovens que somos parte integral ou separada do mundo natural.
- A meta não é o mero domínio de matérias específicas, mas estabelecer ligações entre a cabeça, a mão, o coração e a capacidade de reconhecer diferentes sistemas — [...] o "padrão que interliga".[9]

Conclusão

Na encíclica *Laudato Si'* o Papa Francisco, explicitando o reconhecimento de que o pensamento da Igreja recolhe a contribuição "de inúmeros cientistas, filósofos, teólogos e organizações sociais" (7), propõe uma conversão que integre espiritualidade, conhecimento, experiência, movimento social e político, numa nova aproximação integral e sistêmica ao que, da parte da vida e da criação divina, é integral e sistêmico: a nossa casa comum, a "irmã e mãe terra". Para a tradição cristã, isso pode representar uma verdadeira "inversão da conversão" ou, melhor dizendo, uma "conversão da conversão".

---

[9] CAPRA, Fritjof. Alfabetização ecológica. Apud: SIQUEIRA-BATISTA, Rodrigo; RÔÇAS, Giselle. Alfabetização ecológica. Resenha em *Revista Brasileira de Educação Médica* 33 (1 Supl. 1); 123-125; 2009. Disponível em: <http://www.scielo.br/pdf/rbem/v33s1/a14v33s1.pdf>, p. 124. Acesso em: 19 ago. 2015.

4

A evolução do conceito de ecologia no Ensino Social da Igreja. Da *Rerum Novarum* à *Laudato Si'*

*Agenor Brighenti**

Introdução

Basicamente, o conceito de ecologia, que até há pouco se limitava ao "meio ambiente", hoje nos remete à relação do ser humano com o planeta, dado que "não estamos na terra, somos terra". O Cristianismo, partindo da noção de criação, vai mais longe, concebendo a ecologia na tríplice relação ser humano-natureza-Deus. Pertencem à criação, criada *ex nihilo*, as criaturas todas, as animadas e inanimadas, todas elas portadoras de uma vocação ou de um fim, segundo os desígnios do Criador. No seio delas está o ser humano, não como uma criatura qualquer, mas como cocriadora, criado à imagem e semelhança do Criador, que confiou a ele a "terra", para ser "cuidada e cultivada", no uso comum com toda a humanidade, de todos os tempos, aperfeiçoando-a, até que Cristo seja tudo em todos.

---

* Presbítero da Diocese de Tubarão-SC; professor e coordenador do Programa de Pós-Graduação em Teologia, na PUCPR, em Curitiba; professor-visitante na Universidade Pontifícia do México e no Centro Bíblico-Teológico-Pastoral para a América Latina, do Celam, em Bogotá; presidente do Instituto Nacional de Pastoral da CNBB e membro da Equipe de Reflexão Teológica do Celam.

O magistério social pontifício, da *Rerum Novarum* (1891) à *Laudato Si'* (2015), devotou preocupação e interesse para com a ecologia. Sua concepção, entretanto, foi se ampliando gradativamente no desenrolar do último século, de par com o avanço do conhecimento sobre a biosfera e a relação do ser humano com ela e Deus. De um conceito de ecologia que poderíamos denominar "criacional" – o ser humano senhor da criação –, presente no magistério anterior ao Vaticano II, a *Gaudium et Spes*, precedida pela *Pacem in Terris* de João XXIII, bem como o magistério de Paulo VI, tematizam a questão nos moldes de uma "ecologia ambiental". O novo conceito mostra os laços intrínsecos existentes entre natureza, ser humano e humanidade como um todo, com a consequente exigência de se pensar nas condições de vida no presente e a sobrevivência das gerações futuras. Na sequência, o magistério dos papas São João Paulo II e Bento XVI amplia ainda mais a compreensão, tematizando o conceito de "ecologia humana" para além de uma concepção de ecossistema como "meio ambiente". E, finalmente, o Papa Francisco introduz no magistério social pontifício a noção de "ecologia integral", somando à compreensão anterior também os conceitos de "ecologia econômica", "ecologia social", "ecologia cultural" e "ecologia da vida cotidiana".

1. Ecologia "criacional"

A consciência da problemática ecológica ou a percepção de que a natureza está enferma pelo resultado de um determinado modelo de desenvolvimento, que depreda o planeta e coisifica o ser humano, é relativamente recente. O conhecido "Clube de Roma", um grupo de pessoas ilustres que se reúnem para debater um vasto conjunto de assuntos relacionados à política, à economia internacional e, sobretudo, ao meio ambiente e ao desenvolvimento sustentável, foi fundado em 1966 e tornou-se conhecido a partir de 1972, ano da publicação do relatório intitulado *Os limites do crescimento*.

Nos meios eclesiais, particularmente no seio do magistério social pontifício, desde a *Rerum Novarum* (1891) até a *Mater et Magistra* (1961), a relação do ser humano com a natureza se dá dentro do marco de uma "teologia da criação". Em grandes linhas, afirma-se que o ser humano foi criado à imagem de Deus, constituído "senhor" de todas as coisas terrenas, para que as dominasse e usasse, glorificando a Deus" (cf. Gn 1,26; Sb 2,23; Eclo 17,3-10), e que Deus fez boas todas as coisas (Gn 1,31). A atividade humana, porém, foi corrompida pelo pecado, mas,

> remido por Cristo e tornado criatura nova no Espírito Santo, o ser humano pode e deve amar as próprias coisas criadas por Deus, pois ele as recebe de Deus e as olha e respeita como que saindo de suas mãos. Agradece ao Benfeitor os objetos criados e os usa para o seu bem, na nobreza e liberdade de espírito. É assim que o ser humano é introduzido na verdadeira posse do mundo, como se nada tivesse, mas possuísse tudo – "tudo é vosso, mas vós sois de Cristo, e Cristo é de Deus" (1Cor 3,22-23) (GS 37).

Nesta perspectiva, o Papa Leão XIII, na *Rerum Novarum* (1891), afirma que o ser humano "deve ter sob seu domínio não só os produtos da terra, mas ainda a própria terra, que, pela sua fecundidade, ele vê estar destinada a ser sua fornecedora no futuro" (5). E continua: "[...] a terra fornece ao homem com abundância as coisas necessárias para a conservação da sua vida e ainda para o seu aperfeiçoamento, mas não poderia fornecê-las sem a cultura e sem os cuidados do homem" (5). Por sua vez, o Papa Pio XI, na *Quadragesimo Anno* (1931), frisa que este senhorio do mundo, como Deus deu tudo para todos, precisa dar-se segundo o princípio do "destino universal dos bens", tão caro ao Cristianismo, desde os Santos Padres:

> [...] há uma dupla espécie de domínio, individual e social [...] a natureza ou o próprio Criador deram ao homem o direito de domínio particular, não só para que ele possa prover às necessidades próprias e de sua família, mas que sirvam verdadeiramente ao seu fim os bens destinados pelo Criador a toda a família humana (45).

O Papa João XXIII, na *Mater et Magistra* (1961), baseado no princípio do "destino universal dos bens", concebe a função social de sua posse, não só em relação às pessoas como indivíduos, mas também entre povos e nações. Sensível às mobilizações sociais dos anos 1960, fruto da "irrupção dos pobres" e do "Terceiro Mundo", a encíclica denuncia a exploração dos países ricos do hemisfério norte em relação aos países pobres do Sul, até recentemente explorados por eles como colônias. Diz o papa: "[...] o direito de propriedade privada sobre os bens possui intrinsecamente uma função social. No plano da criação, os bens da terra são primordialmente destinados à subsistência digna de todos os seres humanos" (118). Consequentemente, por justiça, impõe-se "repartir equitativamente a riqueza produzida entre as nações" (167). Hoje,

> [...] a tentação maior para as comunidades políticas economicamente avançadas, é a de se aproveitarem da cooperação técnica e financeira que prestam, para influírem na situação política das comunidades em fase de desenvolvimento econômico, a fim de levarem a cabo planos de predomínio (170).

E continua:

> [...] onde quer que isso se verifique, deve-se declarar explicitamente que estamos diante de uma nova forma de colonialismo, a qual, por mais habilmente que se disfarce, não deixará de ser menos dominadora que a antiga, que muitos povos deixaram recentemente (171).

2. Ecologia ambiental

Um passo importante na consciência ecológica da Igreja vai se dar com a encíclica *Pacem in Terris* (1963) e com a constituição do Vaticano II *Gaudium et Spes* (1965). A nova postura marcaria também o magistério social do Papa Paulo VI na *Populorum Progressio* (1967) e na *Octogesima Adveniens* (1971). Toma-se consciência das relações intrínsecas entre ser humano e "ambiente", que não é apenas "meio", mas espaço onde se dá e do qual depende a vida humana, dado que há uma ordem, que, se rompida, põe em risco a vida humana e seus ecossistemas. Nessa perspectiva, afirma a *Pacem in Terris* (1963): "A paz na terra, anseio profundo de todos os homens de todos os tempos, não se pode estabelecer nem consolidar senão no pleno respeito da ordem instituída por Deus" (1). E continua:

> O progresso da ciência e as intervenções da técnica evidenciam que reina uma ordem maravilhosa nos seres vivos e nas forças da natureza. Testemunham outrossim a dignidade do ser humano capaz de desvendar essa ordem e de produzir os meios adequados para dominar essas forças, canalizando-as em seu proveito (2).

Por sua vez, a *Gaudium et Spes* (1965) atenta que na relação ser humano-natureza não se pode olhar só para o presente, pois está em jogo a sobrevivência na humanidade no futuro. E que, para responder a essa exigência, é preciso levar em conta o padrão de consumo, dado que a natureza tem limites e muitos de seus recursos não são renováveis. Afirma o Concílio: "As decisões sobre a vida econômica devem atender às necessidades individuais e coletivas da geração presente"; por outro lado, é preciso "prever o futuro, estabelecendo justo equilíbrio entre as necessidades atuais de consumo, individual e coletivo, e as exigências de inversão de bens para as gerações futuras" (70).

Na mesma perspectiva, Paulo VI, na *Populorum Progressio* (1967), falando do progresso dos povos, frisa: "Herdeiros das gerações passadas e beneficiários do trabalho dos nossos contemporâneos, temos obrigações para com todos, e não podemos desinteressar-nos dos que virão depois de nós". E adverte: "A solidariedade universal é para nós não só um fato e um benefício, mas também um dever" (17). Na *Octogesima Adveniens* (1971), Paulo VI volta a advertir para as consequências dramáticas provocadas pela relação irresponsável do ser humano com a natureza, que põe em risco sua própria sobrevivência:

> De um momento para o outro, o homem toma consciência que por motivo de uma exploração inconsiderada da natureza, começa a correr o risco de a destruir e de vir a ser, também ele, vítima dessa degradação. Não só o ambiente material já se torna uma ameaça permanente – poluições e resíduos, novas doenças, poder destruidor absoluto – é o mesmo quadro humano que o homem não consegue dominar, criando assim, para o dia de amanhã, um ambiente global, que poderá tornar-se insuportável. Problema social de envergadura, este, que diz respeito à inteira família humana. O cristão deve voltar-se para estas percepções novas, para assumir a responsabilidade, juntamente com os outros homens, por um destino, na realidade, já comum (21).

3. Ecologia humana

A passagem de uma "ecologia criacional" a uma "ecologia ambiental" é um grande passo. Mas passo maior vai dar o magistério social dos papas São João Paulo II e Bento XVI ao ampliar a compreensão da questão na perspectiva de uma "ecologia humana".

Concretamente, na *Laborem Exercens* (1981) o Papa São João Paulo II frisa que "o ser humano, criado à imagem de Deus, recebeu o mandato de seu Criador de submeter, de dominar a terra. No desempenho de tal mandato, o homem, todo e qualquer ser humano, reflete a própria ação do Criador do universo" (4). Na *Sollicitudo Rei Socialis* (1987), adverte para sua responsabilidade neste "domínio da terra":

> O domínio conferido ao homem pelo Criador não é um poder absoluto, nem se pode falar de liberdade de "usar e abusar", ou de dispor das coisas como bem lhe agrada. A limitação imposta pelo mesmo Criador, desde o princípio, é expressa simbolicamente com a proibição de "comer o fruto da árvore" (cf. Gn 2,16-17) (29).

Para o papa,

> uma justa concepção do desenvolvimento não pode prescindir do respeito pelos seres que formam a natureza visível. [...] Não se pode fazer, impunemente, uso das diversas categorias de seres, vivos ou inanimados – animais, plantas, elementos naturais – a bel-prazer, segundo as próprias necessidades econômicas (34).

O desenvolvimento deve ser condicionado às possibilidades de renovação dos recursos naturais, baseado

> na constatação mais urgente das *limitações dos recursos naturais*, alguns dos quais *não renováveis*. Usá-los como se fossem inesgotáveis, com domínio absoluto, põe seriamente em perigo sua

disponibilidade não só para a geração presente, mas, sobretudo, para as futuras gerações (34).

Mas é na *Centesimus Annus* (1991) que o Papa São João Paulo II irá mencionar explicitamente o conceito de "ecologia humana", já implícita nas encíclicas anteriores. Depois de alertar para o fenômeno do consumismo, prejudicial à saúde física e espiritual, o papa fala da degradação do ambiente natural, incluído o "ambiente humano": "além da destruição irracional do ambiente natural, é de recordar aqui outra ainda mais grave, que é a do ambiente humano, a que se está ainda longe de se prestar a necessária atenção". Para ele, é necessário "preservar o *habitat* natural das diversas espécies animais ameaçadas de extinção, porque nos damos conta da particular contribuição que cada uma delas dá ao equilíbrio geral da terra". Entretanto, "empenhamo-nos demasiado pouco em salvaguardar as condições morais de uma autêntica "ecologia humana". E conclui:

> Não só a terra foi dada por Deus ao ser humano, que a deve usar respeitando a intenção originária de bem, segundo a que lhe foi entregue; mas o ser humano é doado a si mesmo por Deus, devendo por isso respeitar a estrutura natural e moral, de que foi dotado (38).

Bento XVI, na *Caritas in Veritate* (2009), explicita o fundamento teológico de uma "ecologia humana", relacionando o ser humano e a natureza com o Criador: "Não podemos ver a natureza simplesmente como fruto de uma evolução determinista. Para o crente, a evolução é um resultado maravilhoso da intervenção criativa de Deus. [...] Está à nossa disposição... como um dom do Criador, que lhe designou os ordenamentos intrínsecos, para que o homem deles tire as orientações do dever de 'guardá-la e cultivá-la' (Gn 2,13) [...]" Por isso, é preciso "reforçar a aliança entre o ser humano e o ambiente que deve ser espelho do amor criador de Deus, do qual viemos e para o qual caminhamos" (50). Dado que "o modo como o homem trata o ambiente influi sobre o modo como trata a si mesmo, e vice-versa", é preciso fazer uma revisão séria do estilo de vida moderno, inclinado ao hedonismo e consumismo e indiferente aos danos que disso provém".

Para o papa,

> um novo estilo de vida pede que as escolhas de consumo, poupança e investimentos se orientem pela busca do que é verdadeiro, belo e bom, em comunhão com os outros seres humanos. [...] O livro da natureza é uno e indivisível. [...] A Igreja tem uma responsabilidade pela criação. Deve defender não só a terra, a água e o ar como dons da criação que a todos pertencem. [...] Deve proteger, sobretudo, o homem contra a destruição de si mesmo, [porque] quando a "ecologia humana" é respeitada dentro da sociedade, também a ecologia ambiental é favorecida. [...] (51).

4. Ecologia integral

Aos conceitos de ecologia "criacional", ambiental e humana, o Papa Francisco, na *Laudato Si'* (2015), acrescenta a noção de "ecologia integral", somando às concepções anteriores também a necessidade de uma ecologia que recubra todos os campos: o ambiental, o econômico, o social, o cultural, o espiritual e também a vida cotidiana (147-148). E de forma profética inclui prioritariamente os pobres, que testemunham também sua forma de ecologia humana e social, vivendo laços de pertença e de solidariedade de uns para com os outros (149). Para Francisco, faz-se necessária uma noção de ecologia que "integre o lugar específico que o ser humano ocupa neste mundo e as suas relações com a realidade que o circunda" (15). É importante, porque "isto nos impede de considerar a natureza como algo separado de nós ou como uma mera moldura da nossa vida" (139).

Para Francisco, uma ecologia integral, além de "criacional", ambiental e humana, precisa ser também uma:

- *Ecologia econômica:* "[...] capaz de induzir a considerar a realidade de forma mais ampla", pois "o crescimento econômico tende a gerar automatismos e homogeneizar, a fim de simplificar os processos e reduzir custos. [...] a proteção do meio ambiente deverá constituir parte integrante do processo de desenvolvimento e não poderá ser considerada isoladamente" (141).

- *Ecologia social:* a perspectiva integral põe em jogo também uma ecologia das instituições: "Se tudo está relacionado, também o estado de saúde das instituições de uma sociedade tem consequências no ambiente e na qualidade de vida humana" (142). E citando a *Caritas in Veritate*, afirma: "[...] toda a lesão da solidariedade e da amizade cívica provoca danos ambientais" (CV 51). Para Francisco, há uma ligação entre questões ambientais e questões sociais e humanas que nunca pode ser rompida: "[...] a análise dos problemas ambientais é inseparável da análise dos contextos humanos, familiares, laborais, urbanos, e da relação de cada pessoa com si mesma" (141), porquanto "não há duas crises separadas: uma ambiental e outra social; mas uma única e complexa crise socioambiental" (139). E conclui: "Neste sentido, a ecologia social é necessariamente institucional e progressivamente alcança as diferentes dimensões, que vão desde o grupo social primário, a família, até a vida internacional, passando pela comunidade local e a nação. [...] "o que acontece em uma região influi, direta ou indiretamente, nas outras regiões" (142).

- *Ecologia cultural*: o Papa Francisco relaciona com a ecologia também a cultura: "A visão consumista do ser humano, incentivada pelos mecanismos da economia globalizada atual, tende a homogeneizar as culturas e a debilitar a imensa variedade cultural, que é um tesouro da humanidade" (144). Por isso, além de uma ecologia ambiental, humana, econômica e social, para ele é preciso também uma ecologia cultural, dado que, "encontra-se igualmente ameaçado um patrimônio histórico, artístico e cultural", sobretudo as "culturas locais", que precisam ser salvaguardadas em "sua identidade original" (143). Frisa ele que "o desaparecimento de uma cultura pode ser tanto ou mais grave do que o desaparecimento de uma espécie animal ou vegetal" (145).

- *Ecologia da vida cotidiana*: a ecologia integral envolve a vida diária, para a qual a *Laudato Si'* reserva uma atenção especial ao ambiente urbano. Chama a atenção que, "para falar de autêntico progresso, será preciso verificar que se produza uma melhoria global na qualidade de vida humana", ou seja, "o espaço onde as pessoas transcorrem a sua existência", pois, "os ambientes onde vivemos influem sobre nossa maneira de ver a vida, sentir e agir" (147). Para Francisco, para uma ecologia integral também é preciso cuidar "dos espaços comuns" (151), da "habitação" (152), "da integração dos bairros na cidade" (152) e do "transporte público" (153).

Como se pode perceber, o conceito de ecologia integral é muito rico, pois consegue unir o "grito da terra" e o "grito dos pobres". Frisa o papa que, no contexto de hoje, no qual "há tantas desigualdades e são cada vez mais numerosas as pessoas descartadas, privadas dos direitos humanos fundamentais", comprometer-se com o bem comum significa fazer escolhas solidárias com base em "uma opção preferencial pelos mais pobres" (158). Esta é a melhor maneira de deixar um mundo sustentável às gerações futuras (159), não com proclamas, mas através de um compromisso de cuidado dos pobres de hoje, como já havia sublinhado Bento XVI: "[...] para além de uma leal solidariedade entre as gerações, há que se reafirmar a urgente necessidade moral de uma renovada solidariedade entre os indivíduos da mesma geração" (162).

Conclusão

Há quem diga que o Cristianismo, apesar da riqueza da revelação bíblica e de grandes santos amantes da natureza, como Francisco de Assis, historicamente é uma religião de escassa sensibilidade ecológica. Com razão, pois em meio à grave crise ecológica da qual a humanidade tomou consciência a partir da metade do século XX não foram os cristãos que levantaram a bandeira da ecologia, apesar de ser uma causa evangélica. Entretanto, desde a primeira hora, e mais especialmente a partir da nova sensibilidade que se instalou na Igreja com o pontificado de João XXIII, o magistério social pontifício fez da ecologia um espaço de atuação dos cristãos. A partir de então, em diálogo com as ciências da vida e da natureza, o magistério social da Igreja tem desenvolvido análises e diagnósticos, bem como oferecido diretrizes de ação capazes de fazer dos cristãos atores aptos a contribuir com uma ecologia integral, imperativo para salvaguardar a "casa comum" e promover uma vida digna para seus moradores, especialmente os mais pobres.

O Vaticano II frisou que o Povo de Deus peregrina no seio de uma humanidade toda ela peregrinante; e que o destino do Povo de Deus não é diferente do destino da humanidade. Em convergência com o Plano da Criação, a crise ecológica cada vez mais nos faz tomar consciência de que o futuro de cada um depende de pensarmos e agirmos juntos, na garantia do futuro de todos. Nesse sentido a carta encíclica *Laudato Si'* se apresenta como um persuasivo convite a toda a humanidade para tomar consciência de que a relação do ser humano com a natureza é um elemento constitutivo de sua identidade, e a vocação de "guardar e cultivar", dom e tarefa, fonte de vida para todos.

5

Laudato Si' e a opção pelos pobres

*Benedito Ferraro**

1. Breve panorama histórico

A opção preferencial pelos pobres continua sendo a pedra de toque da Igreja latino-americana e caribenha: "A opção pelos pobres é uma das características que marca a rosto da Igreja latino-americana e caribenha" (Aparecida, 391). Esta opção tem raízes implícitas no Concílio Vaticano II, especialmente a partir da *Gaudium et Spes*, que afirma:

> Cresce a consciência da dignidade exímia da pessoa humana, superior a todas as coisas. Seus direitos e deveres são universais e invioláveis. É preciso que se tornem acessíveis todas aquelas coisas que lhe são necessárias para levar uma vida verdadeiramente humana. [...] Portanto, a ordem social e o seu progresso devem ordenar-se incessantemente ao bem das pessoas [...]. O próprio Senhor o insinua ao dizer que o sábado foi feito para o homem e não o homem para o sábado (Mc 2,27). Esta ordem deve desenvolver-se sem cessar, ter por base a verdade, construir-se sobre a justiça, ser animada pelo amor e encontrar na liberdade um equilíbrio sempre mais humano. Para se cumprirem tais exigências, devem-se introduzir uma reforma de mentalidade e amplas mudanças sociais. (26)

---

* Professor de Teologia da PUC-Campinas. Assessor da Pastoral Operária de Campinas e dos Encontros Intereclesiais das CEBs, em âmbito nacional e continental.

Em Medellín (1968), os bispos constatam que a América Latina e o Caribe viviam numa situação de injustiça que se apresentava como uma *violência institucionalizada*:[1]

> Devemos tornar mais aguda a consciência do dever de solidariedade para com os pobres. Esta solidariedade significará fazer nossos seus problemas e lutas e saber falar por eles. Isto se concretizará na denúncia da injustiça e opressão, na luta contra a intolerável situação em que se encontra frequentes vezes o pobre e na disposição de dialogar com os grupos responsáveis por esta situação a fim de fazê-los compreender suas obrigações (Medellín, 10).

A opção pelos pobres começa, então, a ganhar força e concreção.

Puebla (1979), após caracterizar a brecha crescente entre ricos e pobres como um *pecado social* (Puebla, 28) e compreender que no rosto do pobre reconhecemos o rosto do Cristo sofredor, o Senhor que nos questiona e interpela, afirma "a necessidade de conversão de toda a Igreja para uma opção preferencial pelos pobres, no intuito de sua integral libertação" (Puebla, 1134).

Santo Domingo reconhece o processo de *empobrecimento* e *agudização da brecha entre ricos e pobres* (Santo Domingo, 199), confirma a opção preferencial pelos pobres e mostra que os bispos têm consciência da dura realidade vivida pelos pobres:

> Comove-nos até as entranhas ver continuamente a multidão de homens e mulheres, crianças e jovens e anciãos que sofrem o insuportável peso da miséria, assim como diversas formas de

---

[1] "Se o cristão crê na fecundidade da paz para chegar à justiça, crê também que a justiça é condição imprescindível da paz. Não deixa de ver que a América Latina encontra-se, em muitas partes, numa situação de injustiça que pode chamar-se de violência institucionalizada." (Medellín, Paz, 16)

exclusão social, étnica e cultural; são pessoas humanas concretas e irrepetíveis que veem seus horizontes cada vez mais fechados e sua dignidade desconhecida. (Santo Domingo, 179)

Na Conferência de Aparecida, a opção preferencial pelos pobres volta com maior intensidade, aprofundamento e novas exigências em face do contexto socio-histórico. Podemos dizer que, a partir de Aparecida, "a opção preferencial pelos pobres já ganhou aceitação quase universal na Igreja Católica".[2] Mas sua interpretação ganha muitos matizes, gerando tensões, incompreensões e tentativas de amortecer suas implicações práticas.

2. Fundamento bíblico-teológico

A formulação desta opção, nascida na década de 1960, tem suas raízes na Bíblia. Na caminhada das Comunidades Eclesiais de Base (CEBs), se canta: "Aqui nos reunimos para cantar o seu louvor. Pra nos dar esperança e contar com sua mão, na construção do Reino, Reino novo, povo irmão". O livro do Êxodo mostra um Deus que age na história como libertador:

> Eu vi, eu vi a miséria do meu povo que está no Egito. Ouvi seu grito por causa de seus opressores; pois eu conheço as suas angústias. Por isso desci a fim de libertá-lo da mão dos egípcios, e para fazê-lo subir desta terra para uma terra boa e vasta, que mana leite e mel (Ex 3,7-8b).

Esta tradição do Deus libertador se expressa na profissão de fé do povo libertado: "Eu sou Iahweh teu Deus, que te fez sair da terra do Egito, da casa da escravidão" (Ex 20,2). Gustavo

---

[2] RIBEIRO DE OLIVEIRA, P. (org.). *Opção pelos pobres no século XXI*. São Paulo: Paulinas, 2011. p. 9.

Gutiérrez afirma que a opção pelos pobres é teocêntrica, sai do coração de Deus Pai.

Em Aparecida, Bento XVI sustenta que a opção pelos pobres está implícita na fé cristã e faz parte integrante do discipulado, como seguimento de Jesus Cristo: "Nossa fé proclama que Jesus Cristo é o rosto humano de Deus e o rosto divino do ser humano". Por isso "a opção preferencial pelos pobres está implícita na fé cristológica naquele Deus que se fez pobre por nós, enriquecendo-nos com sua pobreza. Esta opção nasce de nossa fé em Jesus Cristo, o Deus feito humano, que se fez nosso irmão (cf. Hb 2,11-12)" (Aparecida, 392). O *Documento de Aparecida* retoma Bento XVI e afirma:

> Se esta opção está implícita na fé cristológica, os cristãos como discípulos e missionários estamos chamados a contemplar, nos rostos sofredores de nossos irmãos e irmãs, o rosto de Cristo que nos chama a servi-lo neles: 'Os rostos sofredores dos pobres são os rostos sofredores de Cristo'. Eles interpelam o núcleo do agir da Igreja, da pastoral e de nossas atitudes cristãs. Tudo o que tem a ver com Cristo, tem a ver com os pobres e tudo o que estiver relacionado com os pobres está relacionado com Jesus Cristo: "Todas as vezes que vocês fizeram isso a um dos menores de meus irmãos, foi a mim que o fizeram" (Mt 25,40) (393).

A opção pelos pobres é, pois, uma opção teocêntrica (Ex 3,7-10; 20,2), cristocêntrica (Mt 9,35-36; 11,25-26) e pneumatocêntrica, a partir da *Sequência* da missa de Pentecostes, quando o Espírito é chamado de *Pater Pauperum*. Como também é uma opção mariológica (cf. Lc 1,46-56), uma opção das primeiras comunidades cristãs (especialmente a partir das cartas de Paulo aos Coríntios e aos Filipenses e do Apocalipse).

O Papa Francisco reafirma a opção pelos pobres em sua exortação apostólica *Evangelii Gaudium*:

> Para a Igreja, a opção pelos pobres é mais uma categoria teológica que cultural, sociológica, política ou filosófica. Deus "manifesta a sua misericórdia antes de mais" a eles. Esta preferência divina tem consequências na vida de fé de todos os cristãos, chamados a possuírem "os mesmos sentimentos que estão em Cristo Jesus" (Fl 2,5). Inspirada por tal preferência, a Igreja fez uma *opção pelos pobres*, entendida como uma "forma especial de primado na prática da caridade cristã, testemunhada por toda a Tradição da Igreja" (198).

Já antes o Papa Francisco afirmava a ligação da nossa fé cristã com os pobres:

> Hoje e sempre, "os pobres são os destinatários privilegiados do Evangelho", e a evangelização dirigida gratuitamente a eles é sinal do Reino que Jesus veio trazer. Há que afirmar sem rodeios que existe um vínculo indissolúvel entre a nossa fé e os pobres. Não os deixemos jamais sozinhos! (EG 48).

3. Opção pelos pobres na *Laudato Si'*

Na encíclica *Laudato Si'*, especialmente no Capítulo I, o Papa Francisco insiste com inúmeras referências à categoria pobre,[3] indicando com elas que

---

[3] Não há espaço, nesta breve reflexão, para aprofundar o sentido sociológico dessas referências à categoria pobre. Queremos, no entanto, com elas, indicar a intencionalidade do Papa Francisco em colocar os pobres no centro da questão ecológica. Tal relação nós fazemos a partir de sua afirmação de que "hoje, não podemos deixar de reconhecer que uma verdadeira abordagem ecológica sempre se torna uma abordagem social, que deve integrar a justiça nos debates

a deterioração do meio ambiente e a da sociedade afetam de modo especial os mais frágeis do planeta. Tanto a experiência comum da vida cotidiana como a investigação científica demonstram que os efeitos mais graves de todas as agressões ambientais recaem sobre as pessoas mais pobres (48).

É importante, para além do sentido estritamente sociológico, observar a intencionalidade do Papa Francisco. Ele se expressa de muitas formas ao se referir aos pobres: "mais pobres e abandonados" (10); os "mais pobres do mundo" (13); os excluídos (cf. 13, 139); "mais pobres" (20, 158); "os mais frágeis do planeta" (48, 66 e 196); "pobres, fracos e vulneráveis" (52; 190, 237); "os abandonados do mundo" (53); os descartados (45); "irmãos e irmãs mais frágeis" (64); "pobres, órfãos, viúvas, estrangeiros" (71); os "mais desfavorecidos" (93); "o pequeno" (94); "pobres crucificados" (241); "pobres libertados" (243).

O papa, para indicar essa íntima relação entre os pobres e o processo de deterioração da qualidade de vida e degradação social, recorre a São Francisco de Assis, que

> manifestou uma atenção particular pela criação de Deus e pelos mais pobres e abandonados. [...] Nele se nota até que ponto são inseparáveis a preocupação pela natureza, a justiça para com os pobres, o empenhamento na sociedade e a paz interior (10).

Partindo da verificação da "desigualdade planetária" (48-52), o papa mostra que "estas situações provocam gemidos da irmã terra, que se unem aos gemidos dos abandonados do mundo,

---

sobre o meio ambiente, para ouvir tanto o clamor da terra como o clamor dos pobres" (Laudato Si', 49).

com um lamento que reclama de nós outro rumo" (53). É nesse contexto que Francisco insiste no princípio do bem comum:

> Nas condições atuais da sociedade mundial, onde há tantas desigualdades e são cada vez mais numerosas as pessoas descartadas, privadas dos direitos humanos fundamentais, o princípio do bem comum torna-se imediatamente [...] um apelo à solidariedade e uma opção preferencial pelos mais pobres. Esta opção implica tirar as consequências do destino comum dos bens da terra, mas [...] exige acima de tudo contemplar a imensa dignidade do pobre à luz das mais profundas convicções de fé. [...] esta opção [preferencial pelos pobres] é uma exigência ética fundamental para a efetiva realização do bem comum (158).

Tentando interpretar a intencionalidade do Papa Francisco, ao retomar a opção preferencial pelos pobres como exigência ética fundamental para todos os cidadãos e cidadãs e como exigência evangélica para os cristãos e cristãs, é importante recorrermos ao seu discurso no II Encontro dos Movimentos Populares, em Santa Cruz de la Sierra, Bolívia, onde ele mostra que

> o futuro da humanidade não está unicamente nas mãos dos grandes dirigentes, das grandes potências e das elites. Está fundamentalmente nas mãos dos povos; na sua capacidade de se organizarem e também nas suas mãos que regem, com humildade e convicção, este processo de mudança. Estou com vocês! Repitamos a nós mesmos do fundo do coração: nenhuma família sem teto, nenhum camponês sem terra, nenhum trabalhador sem direitos, nenhum povo sem soberania, nenhuma pessoa sem dignidade, nenhuma criança sem infância, nenhum jovem sem possibilidades, nenhum idoso sem uma veneranda velhice. Continuem com a luta e, por favor, cuidem bem da Mãe Terra.

Concluindo

Na medida em que acreditamos nos pobres como sujeitos e protagonistas de sua própria libertação, compreendemos, à luz da opção pelos pobres, todo o anseio por mudanças na América Latina e Caribe, assim como em muitas partes do mundo: África, Ásia e Oriente Médio. Compreendemos também a realidade de pobreza em que vive a grande maioria dos jovens latino-americanos e caribenhos, de tal modo que a opção pelos pobres deve também ser assumida pelos jovens, para que tenham esperança no futuro da humanidade.

Também, nessa mesma perspectiva, vemos a importância do diálogo ecumênico que abre possibilidades do testemunho comum dos cristãos diante dos graves problemas do mundo de hoje e do diálogo inter-religioso na construção da nova humanidade e de *um outro mundo possível e urgente!*[4]

Diante da dura realidade de miséria, pobreza gerada pela injustiça social, a opção pelos pobres – como nos indica o Papa Francisco –, se torna uma energia vital na defesa da "casa comum". Pois quem mais sofre com a devastação da "nossa irmã mãe terra" são os pobres, especialmente as mulheres, os camponeses e os indígenas.

---

[4] Cf. *Laudato Si'*, 199-201.

6

A ecologia como parâmetro para a ética, a política e a economia. Um novo capítulo do Ensino Social da Igreja

*Marcial Maçaneiro, scj**

Ao se pronunciar "sobre o cuidado da casa comum" (a Terra em que habitamos), o Papa Francisco esclarece que a encíclica *Laudato Si'* "se insere no magistério social da Igreja" (15). Com essa breve observação, o papa consolida um processo que vinha se desenvolvendo desde as encíclicas sociais de João XXIII: a inclusão da ecologia como um novo capítulo da Doutrina Social da Igreja. Isto significa que a *relação humanidade-natureza*, em seu viés ambiental, humano e social – mencionada em alguns tópicos das encíclicas anteriores –, é explicitamente assumida pelo magistério da Igreja como uma nova *questão* proposta à fé.

Nesse sentido, quando os documentos da Igreja falam de uma "questão" (do latim *quaestio*), indicam que se trata de um tema que interpela a nossa compreensão e a nossa prática de fé; uma realidade que nos questiona; que pede a nossa contribuição para avaliar, discutir e propor soluções, em cada caso, à luz do Evangelho.

---

* Doutor em Teologia pela Pontifícia Universidade Gregoriana (Roma). Docente do Programa de Pós-Graduação em Teologia da PUCPR (Curitiba). Religioso da Congregação dos Padres do Coração de Jesus (dehonianos). Participa do grupo de pesquisa "Ecologia, Ética e Religiões" (FAJE-PUCPR). Publicou *Religiões & Ecologia* (Paulinas, 2011). E-mail: marcialscj@hotmail.com.

Atualmente, a ecologia desponta de uma série de questões tratadas pelos documentos anteriores: a questão operária (*Rerum Novarum*, de Leão XIII, 1891), a questão da paz (*Pacem in Terris*, de João XXIII, 1963), a questão do desenvolvimento (*Populorum Progressio*, de Paulo VI, 1967), a questão do trabalho (*Laborem Exercens*, de São João Paulo II, 1981), a questão da solidariedade (*Sollicitudo Rei Socialis*, de São João Paulo II, 1987), a questão econômica (*Centesimus Annus*, de São João Paulo II, 1991) e a questão da justiça (*Caritas in Veritate*, de Bento XVI, 2009). Agora emerge a questão ecológica com a encíclica *Laudato Si'*, de Francisco, 2015. Importa, porém, observar que esta última inclui todas as questões anteriores, porque a ecologia não se separa das outras esferas da vida. Pois a economia e a política são provocadas, em muitos aspectos, pela questão ambiental.

Temos, assim, um percurso de mais de um século, desde *Rerum Novarum* até *Laudato Si'*, com três passos significativos:

- O desenvolvimento da ecologia como *ciência da biosfera*, que vem da biologia e se torna uma nova ciência, com métodos próprios (cf. Barbault, 2011).

- A afirmação da ecologia como um *paradigma de referência* para a ética, a saúde, a política, a economia, a educação, e até para as religiões, pois todas essas esferas da vida problematizam a habitação humana na Terra (cf. Pena-Vega, 2005).

- A recepção da ecologia como um *sinal dos tempos* por parte da fé cristã, à luz de uma renovada teologia da criação (cf. Moltmann, 1993).

Em consequência disso, verificamos alguns desenvolvimentos recentes: no âmbito inter-religioso, a ecologia interpela a cosmovisão e a responsabilidade das religiões na administração dos bens naturais e na defesa da vida, considerada um valor sagrado; no âmbito ecumênico, a ecologia demandou uma releitura da teologia bíblica da criação, em diálogo com a antropologia e a espiritualidade, originando uma nova área do saber teológico: a ecoteologia, nascida do casamento entre teologia e ecologia (cf. Susin; Santos, 2011). No âmbito da Igreja Católica, a ecologia tem suscitado novas perspectivas na Moral, na Sistemática, na Espiritualidade e na Pastoral, em diálogo com a Doutrina Social da Igreja (cf. Haering, 1984). Assim também o pensamento cristão elabora a ecoteologia, numa atuação ecumênica e interdisciplinar.

É neste contexto instigante, ao mesmo tempo crítico e criativo, que se movem a reflexão e as propostas da encíclica *Laudato Si'* (2015). De seu conjunto recortamos aqui três aspectos que compõem a contribuição propriamente social da encíclica: a avaliação dos limites e consequências do paradigma tecnocrático, a assunção da ecologia como racionalidade para salvaguardar a vida na Terra e, enfim, as propostas de solução ecológica nos níveis da ética, política e economia.

1. Limites e consequências do paradigma tecnocrático

Na encíclica, o Papa Francisco distingue as luzes e as sombras da sociedade moderna, avaliando cuidadosamente as condições do planeta Terra sob os efeitos da exploração e industrialização das últimas décadas. O papa reconhece os benefícios da indústria e da tecnologia para as pessoas e as sociedades (cf. 102-103), mas alerta para a ambiguidade da ciência e da tecnologia, que são um "poder tremendo" aplicável tanto ao bem quanto ao mal, dependendo dos valores e dos interesses daqueles que detêm este mesmo poder (104). Do lado positivo, temos "a transformação da natureza para fins úteis", proporcionando "remédios a inúmeros males, que afligiam e limitavam o ser humano", com "progressos alcançados especialmente na medicina, engenharia e comunicações" (102). Do lado negativo, temos "as bombas atômicas", o uso das tecnologias pelos "regimes totalitários", os "instrumentos [de guerra] cada vez mais mortíferos" (104), alimentados por uma postura de "uso e domínio" da natureza (11), que provocou a degradação *ambiental* e *social* da vida no planeta (43-47). Afinal, entre humanidade, natureza e sociedade há uma interação profunda, não apenas nos níveis biológicos e climáticos, mas também econômicos e geopolíticos (138-140).

Com lúcido discernimento, o Papa Francisco vai dos efeitos às causas da crise ecológica moderna; e percebe em suas raízes um problema civilizacional de paradigma: uma visão de mundo que fragmentava a realidade ao separar humanidade e natureza com o muro da tecnologia. Isso teve dois efeitos nocivos: desconectou as pessoas da natureza e as acostumou a modos de vida cada vez mais artificiais; e tratou o planeta como estoque de recursos a ser explorado e capitalizado, em função de uma economia que maximiza o lucro (190-191).

De fato, a modernidade urbana e industrial se ergueu, em grande escala, sobre as posições de Descartes e de Bacon, pensadores do século XVI. Para Descartes, a pessoa é "coisa pensante" (qualificada pelo intelecto), distinta da natureza, que seria "coisa extensa" (uma grande máquina); para ele, o objetivo da ciência é "tornar-nos senhores e donos da natureza" (*Discurso do método*: livro 6). Bacon, por sua vez, desvinculava a natureza de Deus, seu Criador, e exaltava o ser humano como fonte do seu próprio "saber de domínio"; pois "o império do homem sobre as coisas depende totalmente das artes e das ciências" (*Novum organon*: aforisma 129). Tal modo de pensar e agir configura a *racionalidade instrumental* que dimensionou nossa relação com a natureza ao longo da revolução industrial, aliada à ideologia do progresso ilimitado e à economia de mercado centrada no lucro e na especulação. Isso se complicou ainda mais com a leitura parcial do Gênesis: destacamos o "dominar" (Gn 1,28) e esquecemos o "guardar" (Gn 2,15) que o Criador nos havia ordenado em relação à Terra (66-67).

Esse conjunto de fatores fez com que se estabelecesse o *paradigma tecnocrático* no manejo das ciências, da tecnologia e do mercado. O ser humano se concebe como sujeito de domínio e de manipulação; tudo o que está fora de sua constituição lógico-racional é tratado como objeto; a disjunção entre humanidade e natureza se torna habitual; e o conhecimento acaba promovendo técnicas "de posse, domínio e transformação" (106). Esse comportamento instrumental da ciência e da tecnologia, em geral, se aliou fortemente à ilusão "de um crescimento infinito ou ilimitado", com o "falso pressuposto de que existe [no planeta] uma quantidade ilimitada de energia e de recursos a serem utilizados, que a sua regeneração é possível de imediato e que os efeitos negativos das manipulações da ordem natural podem ser facilmente absorvidos" (106).

Apesar de muitos avanços no campo da física, da genética e da gestão ambiental, este paradigma comprometeu os ecossistemas por causa de sua abordagem "unidimensional" (106). Quando nos concentramos no uso instrumental da natureza, descuidamos da diversidade e do limite dos ecossistemas, sugando os recursos ambientais numa velocidade agressiva "que contrasta com a lentidão natural da evolução biológica" (18). Dito isso, o Papa Francisco descreve a nossa porção de responsabilidade em degradar o meio ambiente, em provocar mudanças climáticas, em descuidar da água e em acelerar a extinção de muitas espécies, terrestres e marinhas (20-42).

A encíclica não despreza "a energia nuclear, a biotecnologia, a informática, o conhecimento de nosso próprio DNA e outras potencialidades que adquirimos" mediante as pesquisas científicas (104). Pois "a tecnociência, bem orientada, pode produzir coisas realmente valiosas para melhorar a qualidade de vida do ser humano" (103). Mas critica o paradigma tecnocrático – descrito antes – que se tornou hegemônico, com sérios danos à vida humana e planetária (107).

O Papa Francisco até mesmo elenca esses danos: perde-se a perspectiva social da ecologia e o cuidado da natureza como bem comum (93); arrisca-se a usar impropriamente o domínio e manejo da natureza em benefício de grupos economicamente poderosos (105); "tende-se a crer que 'toda a aquisição de poder seja simplesmente progresso, aumento de segurança, de utilidade, de bem-estar, de força vital, de plenitude de valores', como se a realidade, o bem e a verdade desabrochassem espontaneamente do próprio poder da tecnologia e da economia" (105). Encantadas com o progresso projetado, as pessoas reduzem "a autoconsciência dos próprios limites" (105); pode ocorrer que "a humanidade não se dê conta da seriedade dos desafios [ambientais] que se lhe apresentam" (105). "Cresce a possibilidade de o homem fazer mau uso do seu poder [quando] não existem normas de liberdade, mas apenas pretensas necessidades de utilidade e segurança" (105); "o paradigma tecnocrático tende a exercer o seu domínio também sobre a economia e a política. A economia assume todo o desenvolvimento tecnológico em função do lucro, sem prestar atenção a eventuais consequências negativas para o ser humano" (109).

Temos de admitir que a racionalidade instrumental, na verdade, não tem sido nada racional em seus mecanismos e em suas consequências, provocando em grande medida a degradação ambiental e social no planeta. Ao desconsiderar a conexão entre sociedade e natureza, entre economia e ecologia, a razão moderna mostrou o seu lado irracional. Buscou o lucro à custa da exclusão social, concentrou a renda de muitos nas mãos de poucos, condicionou os governos com interesses econômicos, perverteu a escala de valores ao colocar a economia acima da ética. Com o passar do tempo, essa postura gerou uma "cultura do descarte" em relação aos resíduos ambientais (as sobras da exploração da natureza) e aos resíduos sociais (a exclusão de milhares de pobres) – como nos adverte a encíclica (22, 29, 48-49).

Preocupado com a superação dessa irracionalidade e seus danos, o Papa Francisco propõe ao ser humano "uma ética sólida, uma cultura e uma espiritualidade que lhe ponham realmente um limite e o contenham dentro de um lúcido domínio de si" (105). O papa fala de "cultura ecológica" (111) e sugere outra racionalidade, a *racionalidade ecológica*: mais atenta à relação entre humanidade, natureza e sociedade; baseada na interação das espécies e dos ecossistemas; focada na sustentabilidade do presente e do futuro do planeta; que promova a conversão ecológica da moral, da política, da economia, da educação e da espiritualidade.

De fato, o desafio é grande! Mas contamos com a generosidade das dimensões e dos prazos da Terra. Com tal horizonte largo de potencialidades e possibilidades, "é possível ampliar novamente o olhar; e a liberdade humana é capaz de limitar a técnica, orientá-la e colocá-la ao serviço de outro tipo de progresso, mais saudável, mais humano, mais social, mais integral" (112).

2. Uma racionalidade para salvaguardar a vida na Terra

A aproximação entre ecologia ambiental (desde as Ciências da Natureza) e ecologia humana (a partir das Ciências do Homem) tem feito uma longa estrada, seja no magistério da Igreja, seja na elaboração das ciências. O Papa Francisco insiste na "relação entre a natureza e a sociedade que a habita" (139). Nesse sentido a encíclica recolhe a contribuição dos documentos anteriores (3-10), entra no debate contemporâneo sobre a presença humana nos ecossistemas (140), defende a promoção de uma "cultura ecológica" na qual dialogam as ciências e os saberes das populações locais (143) e propõe a noção de *"ecologia integral"* (137).

É interessante notar que a ecologia tem sido adjetivada nos últimos quarenta anos, à medida que se aprimora o conhecimento das comunidades vivas do planeta (biocenoses) e como estas interagem com a população humana (antropocenose). Temos a *ecologia científica*: relativa à biosfera e suas conexões entre terra, oceanos, clima e dinamismo das espécies; a *ecologia ambiental*: relativa à organização dos ecossistemas e à manutenção de seus recursos; a *ecologia humana*: relativa à demografia, às condições da vida humana no planeta e ao uso social e econômico dos recursos naturais; e temos ainda a *ecologia complexa*: relativa ao conhecimento interdisciplinar da relação humanidade-natureza, articulando biologia, antropologia, sociologia e bioética numa nova epistemologia científica. São João Paulo II, por exemplo, tratou de ecologia humana, ecologia ambiental e ecologia social na encíclica *Centesimus Annus* (cf. 37-38).

Na encíclica *Laudato Si'*, notamos que o Papa Francisco acolhe e reelabora a compreensão dos documentos anteriores, construindo assim sua proposta de *"ecologia integral"*: uma abordagem que integra a humanidade, a natureza e a vida social, admitindo limites e apontando soluções (cf. Capítulo IV). A *"ecologia integral"* se fundamenta na complexidade da vida na Terra, com seus elementos objetivos (espécies, recursos naturais e ecossistemas) e subjetivos (liberdade e criatividade humana). Com esse olhar, o Papa Francisco explicita a dimensão ecológica da economia, da política, do direito, da educação e da cultura. De fato, ele distingue "ecologia ambiental, econômica e social" (138-141) não para dividi-las de modo estanque, mas para demonstrar como se implicam mutuamente na ecologia complexa do planeta, onde habitam múltiplas espécies – entre as quais a espécie humana.

A encíclica nos convida a uma mudança de paradigma: se antes compreendíamos o planeta em ótica disjuntiva, separando humanidade e meio ambiente, com técnicas de exploração da natureza para fins de consumo (conforme a *racionalidade instrumental*), hoje somos interpelados a uma visão conjuntiva, reconhecendo a imbricação entre humanidade e natureza e explicitando a dimensão ecológica que interliga o conjunto da vida social, política e econômica (conforme a *racionalidade ecológica*).

3. Propostas e perspectivas de solução da crise ecológica

À luz da ecologia integral, o Papa Francisco vai do discernimento das causas à perspectiva das soluções da crise ambiental, climática e social pela qual passamos. Esclarece que "a Igreja não pretende definir as questões científicas nem substituir-se à política", mas se compromete num "debate honesto e transparente" sobre a ecologia, "para que as necessidades particulares ou as ideologias não prejudiquem o bem comum" (188). Com essa atitude, o papa propõe diversos cuidados e iniciativas em benefício da vida na Terra, nos campos da ética, política e economia:

a) Ética

– Corrigir as expressões de antropocentrismo desordenado, que incentivou atitudes de domínio e exploração unilateral do planeta, através da correta interpretação de "dominar" e "guardar" a Terra (Gn 1,28 e 2,15) como nossa administração responsável dos bens da criação (117).

– Reconhecer a dignidade do trabalho, pelo qual a pessoa humana aciona "a criatividade, a projeção de futuro, o desenvolvimento de capacidades, o exercício de valores, a comunicação com os outros e a adoração" (127); pois a ação do ser humano na realidade se dá como participação na obra do Criador, em benefício das criaturas (128).

– "Considerar os objetivos, os efeitos, o contexto e os limites éticos de tal atividade humana [inovação biológica e engenharia genética], pois é uma forma de poder com grandes riscos" (131). Neste caso "há necessidade de uma atenção constante, que leve em consideração todos os aspectos éticos implicados [na pesquisa]" (135).

– "Prestar atenção àquilo que a ciência biológica, desenvolvida independentemente dos interesses econômicos, possa ensinar a propósito das estruturas biológicas e das suas possibilidades e mutações" (132).

– Nos casos de organismos geneticamente modificados, "dispor de espaços de debate, onde todos aqueles que poderiam de algum modo ver-se afetados (agricultores, consumidores, autoridades, cientistas, produtores de sementes, populações vizinhas dos campos tratados e outros) tenham possibilidade de expor as suas problemáticas ou ter acesso a informação ampla e fidedigna para adotar decisões concernentes ao bem comum do presente e do futuro" (135).

– Reconhecer (na pesquisa continuada) "como as diferentes criaturas se relacionam, formando aquelas unidades maiores que hoje chamamos 'ecossistemas', não só para determinar qual seria seu uso razoável, mas também porque possuem um valor intrínseco, independente de tal uso" (140).

b) Política

– Diante do consumismo e do desperdício, "pensar e discutir acerca das condições de vida e de sobrevivência de uma sociedade, com a honestidade de pôr em questão modelos de desenvolvimento, produção e consumo" (138).

– Aprimorar a governança, as políticas públicas e a legislação, no que concerne à extração de matérias-primas, à interferência no meio ambiente e toda sorte de uso dos recursos naturais, para evitar violações e proteger os ecossistemas (142).

– Quanto ao uso sustentável dos bens naturais, "incluir sempre uma consideração sobre a capacidade regenerativa de cada ecossistema nos seus diversos setores e aspectos" (140).

– Repensar o estilo consumista de vida e a hegemonia do modelo tecnocrático (danoso para os ecossistemas), valorizando as comunidades aborígenes com seus saberes e tradições culturais (146).

– Visando a integração entre habitação humana e meio ambiente: "Cuidar dos espaços comuns, dos marcos visuais e das estruturas urbanas que melhoram o nosso sentido de pertença, a nossa sensação de enraizamento, o nosso sentimento de 'estar em casa', dentro da cidade que nos envolve e une" (151).

– Respeitar o princípio do bem comum, o qual inclui os direitos fundamentais, as condições de desenvolvimento integral da pessoa, os dispositivos de bem-estar e inclusão social, a segurança, a justiça distributiva e os bens naturais como terra, água e clima (23,157).

– Passar da "cultura do descarte" a "um modelo circular de produção que assegure recursos para todos e para as gerações futuras e que exige limitar o uso de recursos não renováveis, moderando o seu consumo, maximizando a eficiência no seu aproveitamento, reutilizando e reciclando-os" (22).

– Desenvolver políticas efetivas para que "a emissão de anidrido de carbono e outros gases altamente poluentes se reduza drasticamente, substituindo os combustíveis fósseis e desenvolvendo fontes de energia renovável" (26).

– Promover maior "acesso a energias limpas e renováveis" e "desenvolver adequadas tecnologias de acumulação [das mesmas]" (26).

– Estabelecer "padrões reguladores globais que imponham obrigações e impeçam ações inaceitáveis, como o fato de países poderosos descarregarem, sobre outros países, resíduos e indústrias altamente poluentes" (173).

– Estabelecer "um acordo sobre os regimes de governança para toda a gama dos chamados bens comuns globais", incluindo terra e oceanos (174).

– Praticar ações globais coordenadas para "enfrentar, ao mesmo tempo, a redução da poluição e o desenvolvimento dos países e regiões pobres"; para isso "é indispensável o amadurecimento de instituições internacionais mais fortes e eficazmente organizadas, com autoridades designadas de maneira imparcial, por meio de acordos entre os governos nacionais, dotadas do poder de sancionar [normas e leis]" (175).

– Que as nações usem do Direito nos casos de "previsão e precaução, regulamentações adequadas, vigilância sobre a aplicação das normas, combate à corrupção, ações de controle operacional sobre o aparecimento de efeitos não desejados dos processos de produção, e oportuna intervenção perante riscos incertos ou potenciais [de dano ecológico]" (177).

– "Incentivar as boas práticas, estimular a criatividade que busca novos caminhos, facilitar as iniciativas pessoais e coletivas" (177).

– Superar políticas de efeito imediato, com fins apenas eleitorais, e inserir "uma agenda ambiental com visão ampla na agenda pública dos governos"; assim podem avançar para processos de solução ecológica "com base nos grandes princípios e pensando no bem comum, em longo prazo" (178).

– Efetuar "estudo de impacto ambiental" antes da "elaboração de um projeto produtivo ou de qualquer política, plano ou programa". Este estudo deve ser elaborado "de forma interdisciplinar, transparente e independente de qualquer pressão econômica ou política" (183).

– Nas discussões sobre ambiente e desenvolvimento, "alcançar consenso entre os vários atores sociais, que podem trazer diferentes perspectivas, soluções e alternativas; mas, no debate, devem ter um lugar privilegiado os moradores locais" (183).

– "A política e a economia, em diálogo, se coloquem decididamente ao serviço da vida, especialmente da vida humana" (189).

– (A política deve) pensar "com visão ampla" e levar "em frente uma reformulação integral, abrangendo em um diálogo interdisciplinar os vários aspectos da crise [ecológica e econômica]" (197).

c) Economia

– Promover a capacitação e inserção no mundo do trabalho para todos, com atenção aos mais pobres; pois "o trabalho é uma necessidade, faz parte do sentido da vida nesta terra, é caminho de maturação, desenvolvimento humano e realização pessoal [...] ajudar os pobres com dinheiro deve ser um remédio provisório para se enfrentar as emergências" (128).

– "Promover uma economia que favoreça a diversificação produtiva e a criatividade empresarial, para se prosseguir na oferta de emprego", valorizando as comunidades locais e os empreendimentos de pequena escala, "que continuam a alimentar a maior parte da população mundial, utilizando uma porção reduzida de terreno e de água e produzindo menos resíduos" (129).

– "Estabelecer limites àqueles que detêm maiores recursos e poder financeiro, para que haja uma liberdade econômica da qual todos realmente se beneficiem" (129).

– "Atentar aos distintos níveis de desenvolvimento entre os países, mas também dentro dos países pobres, onde se devem identificar diferentes responsabilidades. Olhar as questões relativas ao meio ambiente e ao desenvolvimento econômico não apenas a partir das diferenças entre os países" (176).

- "Favorecer a melhoria agrícola das regiões pobres, através de investimentos em infraestruturas rurais, na organização do mercado local ou nacional, em sistemas de irrigação, no desenvolvimento de técnicas agrícolas sustentáveis" (180).

- "Facilitar formas de cooperação ou de organização comunitária que defendam os interesses dos pequenos produtores e salvaguardem da depredação os ecossistemas locais" (180).

- Assegurar a proteção ambiental não somente com base no cálculo financeiro de custos e benefícios. "Evitar uma concepção mágica do mercado, que tende a pensar que os problemas se resolvem apenas com o crescimento dos lucros das empresas ou dos indivíduos" (190).

- "Refletir responsavelmente 'sobre o sentido da economia e dos seus objetivos, para corrigir as suas disfunções e deturpações'. Não é suficiente conciliar, a meio-termo, o cuidado da natureza com o ganho financeiro, ou a preservação do meio ambiente com o progresso" [...]. Um desenvolvimento tecnológico e econômico somente é considerado progresso se deixa um mundo melhor e promove qualidade de vida integralmente superior (194).

- (Em nível nacional e local) "Promover formas de poupança energética, favorecer modalidades de produção industrial com a máxima eficiência energética e menor utilização de matérias-primas, retirando do mercado os produtos pouco eficazes do ponto de vista energético ou mais poluentes" (180).

Considerações finais

Temos em mãos uma encíclica ao mesmo tempo crítica e propositiva, que merece ser lida, debatida e aplicada, com a participação dos sujeitos e das instituições, a partir do nível local, naqueles espaços de trabalho, educação e convivência onde circulamos. As propostas do Papa Francisco terão vez na sociedade, a começar de nós próprios, do nosso compromisso pessoal, social e eclesial, com a vida presente e futura da nossa "casa comum".

Referências

BARBAULT, R. *Ecologia geral;* estrutura e funcionamento da biosfera. Petrópolis: Vozes, 2011.
HAERING, B. *Livres e fiéis em Cristo.* São Paulo: Paulus, 1984. vol. III.
MAÇANEIRO, M. *Religiões & ecologia.* São Paulo: Paulinas, 2011.
MOLTMANN, J. *Doutrina ecológica da criação.* Petrópolis: Vozes, 1993.
PENA-VEGA, A. *O despertar ecológico.* 2. ed. Rio de Janeiro: Garamond Universitária, 2005.
SUSIN, C.; SANTOS, J. M. dos. *Nosso planeta, nossa vida;* ecologia e teologia. São Paulo: Paulinas, 2011.

7

A difícil integração humana na comunidade de vida da Terra

*Pedro A. Ribeiro de Oliveira**

Introdução

Ao assumir a problemática ecológica, a *Laudato Si'* faz um salto de qualidade no magistério social da Igreja Católica. Mais do que introduzir um novo tema no conjunto de problemas sociais, a encíclica alarga o campo da chamada "questão social" ao vincular clamor da Terra e clamor dos pobres. Essa proposição de um paradigma mais abrangente para a Doutrina Social da Igreja não é trivial. Ao contrário, levanta novos e difíceis problemas. Neste capítulo vamos examinar um desses problemas: a concepção antropocêntrica que dificulta a inclusão da humanidade na grande comunidade de vida do nosso planeta. Antes, porém, faz-se necessário situar esse tema no conjunto da encíclica.

1. Clamor da Terra, clamor dos pobres

A vinculação entre o sofrimento da Terra e o sofrimento dos pobres é o eixo organizador da encíclica. Logo na abertura ela

---

* Sociólogo, católico leigo, casado, pai e avô, aposentado como professor da UFJF (Juiz de Fora) e PUC Minas (Belo Horizonte). É membro de Iser Assessoria e da coordenação do Movimento Fé e Política. Autor de artigos e livros, principalmente sobre catolicismo no Brasil, Comunidades Eclesiais de Base, análise da conjuntura, e Fé e Política.

afirma que, "entre os pobres mais abandonados e maltratados, conta-se a nossa terra oprimida e devastada" (2). Em seguida comenta como em São Francisco de Assis "são inseparáveis a preocupação pela natureza, a justiça para com os pobres, o empenhamento na sociedade e a paz interior" (10). Ao finalizar a introdução, o papa explica que "cada capítulo tem a sua temática própria e uma metodologia específica", mas "alguns eixos atravessam a encíclica inteira". O primeiro deles é "a relação íntima entre os pobres e a fragilidade do planeta" (16).

Nos capítulos seguintes o papa aponta os males que atingem o mundo e conclui que "hoje, não podemos deixar de reconhecer que uma verdadeira abordagem ecológica sempre se torna uma abordagem social, que deve integrar a justiça nos debates sobre o meio ambiente, para ouvir tanto o clamor da terra como o clamor dos pobres" (49). Ao longo do texto esse tema reaparece como um refrão para realçar sua importância. Um exemplo vem do comentário às narrativas do Primeiro Testamento, onde "já estava contida a convicção atual de que tudo está inter-relacionado e o cuidado autêntico da nossa própria vida e das nossas relações com a natureza é inseparável da fraternidade, da justiça e da fidelidade aos outros" (70).

O desenvolvimento dessa ideia central culmina no capítulo que trata da ecologia integral, onde se lê:

> Não há duas crises separadas: uma ambiental e outra social; mas uma única e complexa crise socioambiental. As diretrizes para a solução requerem uma abordagem integral para combater a pobreza, devolver a dignidade aos excluídos e, simultaneamente, cuidar da natureza (139).

O passo irreversível está dado: não há como desvincular os danos feitos à Terra das injustiças cometidas contra os pobres. Ao dar esse passo, contudo, o papa depara-se com a dificuldade de explicitar a lógica de funcionamento do sistema socioeconômico que produz esses efeitos.

2. Crítica ao capitalismo

A encíclica demonstra a vinculação entre o clamor da Terra e o clamor dos pobres por meio de fatos que qualquer pessoa pode constatar na realidade do mundo atual. O papa deixa claro que ela não é fortuita, porque é provocada por um sistema que causa tanto a deterioração do ambiente quanto a opressão dos setores empobrecidos. Mas defronta-se com a dificuldade de falar do capitalismo que criou e alimenta o moderno sistema mundial de mercado. Embora desde o final do século XVIII o capitalismo tenha sido objeto de pesquisa da Economia e da Sociologia, a Doutrina Social da Igreja evita tomá-lo como objeto de estudo. As palavras "capitalismo" e "capitalista" nem aparecem no texto, que as substitui por outras expressões. Vejamos como isso ocorre na encíclica.

O parágrafo que mais se aproxima da palavra "capitalismo" é onde o papa cita um documento dos bispos da Patagônia e critica "empresas que fazem nos países menos desenvolvidos aquilo que não podem fazer nos países que lhes dão o capital" (51). Para referir-se ao capitalismo, fala de "paradigma tecnoeconômico" ou "tecnocracia". No parágrafo onde é feita a crítica mais contundente ao sistema que provoca "os gemidos da irmã Terra, que se unem aos gemidos dos abandonados do mundo, com um lamento que reclama de nós outro rumo", o papa lembra que "somos chamados a tornar-nos os instrumentos de Deus Pai para que o nosso planeta seja o que ele sonhou ao criá-lo e corresponda ao seu projeto de paz, beleza e plenitude". Esse parágrafo afirma ser "indispensável criar um sistema normativo que inclua limites invioláveis e assegure a proteção dos ecossistemas, antes que as novas formas de poder derivadas do paradigma tecnoeconômico acabem por arrasá-los não só com a política, mas também com a liberdade e a justiça" (53). No capítulo final, o papa volta a referir-se ao "paradigma tecnoeconômico" ao denunciar o "consumismo obsessivo", que é seu "reflexo subjetivo" (203).

Outra expressão que remete ao capitalismo é "relativismo prático", descrito como "patologia que impele uma pessoa a aproveitar-se de outra e a tratá-la como mero objeto, obrigando-a a trabalhos forçados, ou reduzindo-a à escravidão por causa de uma dívida. É a mesma lógica que leva à exploração sexual das crianças, ou ao abandono dos idosos que não servem aos interesses próprios" (123). Essa lógica deixa "que as forças invisíveis do mercado regulem a economia, alegando que seus efeitos sobre a sociedade e a natureza são danos inevitáveis". No limite, "o relativismo prático" favorece perversidades, como

> o tráfico de seres humanos, a criminalidade organizada, o narcotráfico, o comércio de diamantes ensanguentados e de peles de animais em vias de extinção, e justifica a compra de órgãos dos pobres com a finalidade de vendê-los ou utilizar para experimentação, ou o descarte de crianças porque não correspondem ao desejo de seus pais (123).

Enfim, ao postular a necessidade de uma educação capaz de "difundir um novo modelo relativo ao ser humano, à vida, à sociedade e à relação com a natureza", o papa alerta que sem ela continuará a "perdurar o modelo consumista, transmitido pelos meios de comunicação social e através dos mecanismos eficazes do mercado" (215).

Se não bastassem todas essas referências evidentes, embora não explícitas, ao capitalismo, o papa ainda afirma: "Há vencedores e vencidos não só entre os países, mas também dentro dos países pobres, onde se devem identificar as diferentes responsabilidades" (176). Essa disputa que produz *vencedores e vencidos* não é um dado da natureza, mas a consequência necessária da livre competição que rege o mercado e dá a vitória a quem tem mais poder econômico.

Cabe agora, a quem tem vocação intelectual, avançar no campo de estudo aberto por Francisco, tendo em vista aprofundar a análise do capitalismo como sistema que degrada a Terra e a humanidade. Nessa importante missão, deveremos seguir sua recomendação: "[...] assegurar um debate científico e social que seja responsável e amplo, capaz de considerar toda a informação disponível e chamar as coisas pelo seu nome" (135).

3. Crítica ao antropocentrismo

A abertura da encíclica retoma o hino de São Francisco que chama a terra de *irmã* e de *boa mãe* (1). Logo em seguida o papa realça o ensinamento bíblico para lembrar que *somos terra* (2). Esses dois parágrafos são a porta de entrada para a tese da vinculação entre o clamor da terra e o clamor dos pobres, que acabamos de examinar. Podemos, agora, focalizar o problema por ela suscitado. Seres humanos, somos terra, sem dúvida, mas temos um jeito de ser que nos torna diferentes de outros. Cabe, então, a pergunta: qual é o lugar do ser humano no conjunto de seres vivos? As respostas a essa questão podem acentuar as diferenças essenciais – como faz a concepção antropocêntrica – ou acentuar a unidade de todas as espécies vivas – como faz a concepção de "comunidade de vida" de que fala a Carta da Terra (207). Ao convocar "cada pessoa que habita neste planeta" a cuidar da "casa comum" (3), o papa não se ilude sobre as dificuldades inerentes a esse projeto. A primeira delas é a concepção antropocêntrica exacerbada pela modernidade.

Já na introdução Francisco critica o antropocentrismo ao falar da nossa relação com a Terra: "Crescemos pensando que éramos seus proprietários e dominadores, autorizados a saqueá-la. [...] Esquecemo-nos de que nós mesmos somos terra" (2). O tema é retomado no Capítulo III, que examina a raiz humana da crise ecológica. Após fazer a crítica ao paradigma tecnocrático, o papa fala da "urgência de avançar numa corajosa revolução cultural". Lembra que a "ciência e a tecnologia não são neutras" e por isso podem ser colocadas a serviço de um paradigma que tanto recusa a ameaça de "regresso à Idade da Pedra" (114) quanto "o estilo de vida atual", que "por ser insustentável só pode desembocar em catástrofes" (161).

Nesse contexto de revolução cultural inscreve-se a crítica ao "antropocentrismo moderno" que "acabou, paradoxalmente, por colocar a razão técnica acima da realidade" (115) ao "minar toda a referência a algo de comum e qualquer tentativa de reforçar os laços sociais" (116). A encíclica reconhece que

> uma apresentação inadequada da antropologia cristã acabou por promover uma concepção errada da relação do ser humano com o mundo. Muitas vezes foi transmitido um sonho prometeico de

domínio sobre o mundo, que provocou a impressão de que o cuidado da natureza fosse atividade de fracos. Mas a interpretação correta do conceito de ser humano como senhor do universo é entendê-lo no sentido de administrador responsável (116),

para que sua absolutização não dê lugar ao relativismo prático que examinamos na parte referente à crítica ao capitalismo.

Ao fazer a crítica ao antropocentrismo moderno, o papa retoma a tese central da encíclica para chamar a atenção sobre a relação entre diferentes crises:

> Se a crise ecológica é uma expressão ou uma manifestação externa da crise ética, cultural e espiritual da modernidade, não podemos iludir-nos de sanar a nossa relação com a natureza e o meio ambiente, sem curar todas as relações humanas fundamentais (119).

O pensamento cristão não admite contradição entre o valor peculiar de cada pessoa humana e o valor próprio das outras criaturas; por isso afirma que "para uma relação adequada com o mundo criado, não é necessário diminuir a dimensão social do ser humano nem a sua dimensão transcendente, sua abertura ao 'Tu' divino" (119).

É tão dura a crítica ao antropocentrismo moderno que o papa precisa alertar para o risco da concepção que, situada no polo oposto, nega a dignidade peculiar da pessoa humana e vê a espécie humana como uma entre outras. Ele fala de "uma esquizofrenia permanente, que se estende da exaltação tecnocrática, que não reconhece aos outros seres um valor próprio, até à reação de negar qualquer valor peculiar ao ser humano". Entre essas posições extremadas, é necessário buscar o justo equilíbrio, porque não haverá uma nova relação com a natureza sem um ser humano novo. Não há ecologia sem uma adequada antropologia. [...] Um antropocentrismo desordenado não deve necessariamente ser substituído por um "biocentrismo" [que não reconhece nem valoriza a pessoa humana com] suas peculiares capacidades de conhecimento, vontade, liberdade e responsabilidade (118).

Na busca de uma posição equilibrada, Francisco inicia sua argumentação buscando resguardar a contribuição positiva de cada ponto de vista. Isso fica claro, por exemplo, ao tratar a biodiversidade. No primeiro momento, ele se refere a ela como vantajosa para a espécie humana, porque

> a perda de florestas e bosques implica simultaneamente a perda de espécies que poderiam constituir, no futuro, recursos extremamente importantes não só para a alimentação, mas também para a cura de doenças e vários serviços (32).

Logo em seguida, porém, Francisco abandona esse ponto de vista e afirma que

> não basta pensar nas diferentes espécies apenas como eventuais "recursos" exploráveis, esquecendo que possuem um valor em si mesmas. [...] A grande maioria delas extingue-se por razões que têm a ver com alguma atividade humana. Por nossa causa, milhares de espécies já não darão glória a Deus com a sua existência, nem poderão comunicar-nos a sua própria mensagem. Não temos direito de fazê-lo (33).

Essa afirmação contundente sobre o valor intrínseco de toda espécie viva abre uma perspectiva tão nova que não seria exagero falar de um novo paradigma para o magistério social da Igreja. É o que examinaremos em seguida.

4. O passo em direção à "comunidade de vida"

Embora não use a expressão "comunidade de vida" empregada na Carta da Terra, é a ela que se refere a encíclica quando afirma: "Visto que todas as criaturas estão interligadas, deve ser reconhecido com carinho e admiração o valor de cada uma, e todos nós, seres criados, precisamos uns dos outros" (42). Essa concepção retorna sob diferentes formulações ao longo do texto papal, que chega até a usar a palavra família ao afirmar que "nós e todos os seres do universo, sendo criados pelo mesmo Pai, estamos unidos por laços invisíveis e formamos uma espécie de família universal, uma comunhão sublime que nos impele a um respeito sagrado, amoroso e humilde" (89).

Sua argumentação culmina no capítulo que trata da *ecologia integral*. Ali se lê:

> Nunca é demais insistir que tudo está interligado. O tempo e o espaço não são independentes entre si; nem os próprios átomos ou as partículas subatômicas se podem considerar separadamente. Assim como os vários componentes do planeta – físicos, químicos e biológicos – estão relacionados entre si, assim também as espécies vivas formam uma trama que nunca acabaremos de individuar e compreender. Boa parte da nossa informação genética é partilhada com muitos seres vivos. Por isso, os conhecimentos fragmentários e isolados podem tornar-se uma forma de ignorância, quando resistem a integrar-se numa visão mais ampla da realidade (138).

A mesma ideia fundamental inspira a parte referente à criação como decisão amorosa, quando afirma o valor inerente a cada criatura: ela "é objeto da ternura do Pai que lhe atribui um lugar no mundo. Até a vida efêmera do ser mais insignificante é objeto do seu amor e, naqueles poucos segundos de existência, ele envolve-o com o seu carinho" (77). Ao falar do universo como "composto por sistemas abertos que entram em comunicação uns com os outros", e onde "podemos descobrir inumeráveis formas de relação e participação" (79), o papa acentua a condição singular do ser humano que "implica uma novidade que não se explica cabalmente pela evolução de outros sistemas abertos" (81), mas logo em seguida alerta que "seria errado também pensar que os outros seres vivos devam ser considerados como meros objetos submetidos ao domínio arbitrário do ser humano" (82). Um parágrafo inspirado em Teilhard de Chardin conclui essa linha de argumentação:

> A meta do caminho do universo situa-se na plenitude de Deus, que já foi alcançada por Cristo ressuscitado, fulcro da maturação universal. E assim juntamos mais um argumento para rejeitar todo e qualquer domínio despótico e irresponsável do ser humano sobre as outras criaturas. O fim último das restantes criaturas não somos nós. Mas todas avançam, juntamente conosco e através de nós, para a meta comum, que é Deus, numa plenitude transcendente onde Cristo ressuscitado tudo abraça e ilumina (83).

É importante observar que o Capítulo II da encíclica – "O evangelho da criação" – fundamenta essa posição sobre bases bíblicas e teológicas. O ponto de partida é:

> Não somos Deus. A terra existe antes de nós e foi-nos dada. Isto permite responder a uma acusação lançada contra o pensamento judaico-cristão: foi dito que a narração do Gênesis, que convida a "dominar" a terra (cf. Gn 1,28), favoreceria a exploração selvagem da natureza, apresentando uma imagem do ser humano como dominador e devastador. Mas esta não é uma interpretação correta

da Bíblia, como a entende a Igreja. [...] É importante ler os textos bíblicos no seu contexto, com uma justa hermenêutica, e lembrar que nos convidam a "cultivar e guardar" o jardim do mundo (cf. Gn 2,15). Enquanto "cultivar" quer dizer lavrar ou trabalhar um terreno, "guardar" significa proteger, cuidar, preservar, velar. Isto implica uma relação de reciprocidade responsável entre o ser humano e a natureza (67).

Por isso "a Bíblia não dá lugar a um antropocentrismo despótico, que se desinteressa das outras criaturas" (68). Essa última afirmação é tão forte que logo em seguida o papa alerta contra o equívoco[1] de

> igualar todos os seres vivos e tirar do ser humano aquele seu valor peculiar que, simultaneamente, implica uma tremenda responsabilidade. Também não requer uma divinização da terra, que nos privaria da nossa vocação de colaborar com ela e proteger a sua fragilidade. Estas concepções acabariam por criar novos desequilíbrios, na tentativa de fugir da realidade que nos interpela (90).

Esse alerta contra um biocentrismo extremado é reforçado pela crítica à

> incoerência de quem luta contra o tráfico de animais em risco de extinção, mas fica completamente indiferente perante o tráfico de pessoas, desinteressa-se dos pobres ou procura destruir outro ser humano de que não gosta. Isto compromete o sentido da luta pelo meio ambiente. [...] Tudo está interligado. Por isso, exige-se uma preocupação pelo meio ambiente, unida ao amor sincero pelos seres humanos e a um compromisso constante com os problemas da sociedade (91).

---

[1] Ocorreu um erro de impressão na primeira edição de Paulinas Editora, onde falta o "não" na primeira frase desse parágrafo.

Isso não implica, de modo algum, desconsiderar a dignidade fundamental de todo ser humano, que "também é uma criatura deste mundo, que tem direito a viver e ser feliz" (43), mas sim alargar a visão cristã agora desafiada a lidar com questões nunca antes conhecidas. Francisco não é ingênuo e sabe que não será fácil cumprir a missão de

> tornar-nos os instrumentos de Deus Pai para que o nosso planeta seja o que ele sonhou ao criá-lo e corresponda ao seu projeto de paz, beleza e plenitude. O problema é que não dispomos ainda da cultura necessária para enfrentar esta crise e há necessidade de construir lideranças que tracem caminhos, procurando dar resposta às necessidades das gerações atuais, todos incluídos, sem prejudicar as gerações futuras (53).

Conclusão

A insistência do papa na interligação de toda a criação não deixa dúvidas quanto ao salto de qualidade que ele imprime ao magistério social da Igreja, que não pode mais se ater apenas ao campo tradicional da "questão social", em cujo centro está a contradição entre capital e trabalho. Cristãos e cristãs, esclarecidos(as) por essa encíclica, precisamos abrir nosso horizonte para incluir a grande comunidade de vida da qual fazemos parte e que é também vítima do mesmo sistema capitalista que oprime a maioria da população mundial.

Deparamo-nos, porém, com a dificuldade de não poder (ainda) nos apoiar num paradigma de pensamento e de ação suficientemente bem fundamentado. Desde 1995 Leonardo Boff vem nos alertando para a necessidade de construirmos esse novo paradigma a partir das periferias do sistema capitalista e tendo por base a convicção de que "somos Terra que sente, que pensa, que ama, que cuida e que venera". Hoje esse paradigma em construção bem pode inspirar-se na sabedoria do *Bem-viver* de certos povos ameríndios, que dão mostras de ver mais longe do que as teorias europeias do socialismo.

Francisco, por sua vez, nos anima com palavras de esperança sem ingenuidade, como ao concluir sua análise de certas ações que

> não resolvem os problemas globais, mas confirmam que o ser humano ainda é capaz de intervir de forma positiva. Como foi criado para amar, no meio dos seus limites germinam inevitavelmente gestos de generosidade, solidariedade e desvelo (58).

Nosso agradecimento ao papa por essa encíclica ao mesmo tempo realista e ousada que se concretizará num duplo compromisso: elaborar um pensamento capaz de desmascarar a ideologia que usa fantasias para esconder a lógica do sistema capitalista e reforçar as práticas políticas que eliminarão a opressão dos pobres e da Terra.

8

A Terra e o Céu cheios de Amor. A encíclica *Laudato Si'* e a espiritualidade macroecumênica

Marcelo Barros[*]

Desde que saiu a encíclica do papa sobre a ecologia, as reações favoráveis e também críticas negativas revelam a importância desse posicionamento de Francisco e antecipam a sua influência na Conferência da ONU sobre Mudanças Climáticas em dezembro de 2015.

Sem dúvida, é possível abordar e aprofundar a mensagem dessa encíclica a partir de diversos enfoques.[1] Uma das chaves de leitura é ler a carta do papa a partir da perspectiva ecumênica e macroecumênica. Essa perspectiva de análise não é comum, tanto porque a própria figura do papa já é em si um desafio para a unidade dos cristãos (ecumenismo), como também porque, no tempo da colonização, na América Latina, África e outros continentes, o nome do papa foi usado para desvalorizar e deslegitimar as culturas indígenas e afrodescendentes, assim

---

[*] Monge beneditino, teólogo e escritor. Assessora CEBs e movimentos sociais. Coordenador latino-americano da Associação Ecumênica de Teólogos/as do Terceiro Mundo (ASETT). Tem publicados 45 livros, um dos quais o *Evangelho e instituição* (São Paulo: Paulus, 2014).

[1] Cf. VICTOR SANTOS, João; MACHADO, Ricardo. *Laudato Si'*: interpretações e chaves de leitura. In: *IHU* 468, 29 de junho de 2015, p. 26-29.

como as religiões não cristãs. No entanto, justamente por isso, é importante destacar a novidade espiritual que essa encíclica representa como passo no caminho do diálogo das culturas e da construção da unidade cristã.

1. Para clarear os conceitos

Ecumenismo tem a mesma raiz de ecologia e a mesma preocupação com a casa comum. É ecumênico tudo o que ajuda a unidade da humanidade na casa comum que é a terra. Nesse ponto de vista, a própria linguagem simples e aberta a qualquer pessoa que a lê já revela uma abertura ecumênica que, no passado, encíclica e documentos do Vaticano não se preocupavam em ter. Entretanto, além dessa abertura humana, quando falamos em dimensão ecumênica estamos nos referindo a uma contribuição específica para o movimento pela unidade das Igrejas cristãs, ou mesmo a um modo de expressar a fé e a pastoral que favoreça o diálogo e a aproximação entre as Igrejas cristãs. Conforme a linguagem oficial da Igreja Católica e do Conselho Mundial de Igrejas, ecumenismo é o movimento pela unidade das Igrejas cristãs, ou seja, a Igreja Católica, as Igrejas ortodoxas, as evangélicas e pentecostais. Para designar o diálogo e a aproximação e colaboração entre religiões diferentes, como o Cristianismo, o Budismo, o Islã, o Candomblé e outras tradições espirituais, o Vaticano usa o termo "Diálogo inter-religioso".

O Conselho Mundial de Igrejas emprega também o termo diálogo, mas, desde os anos 1960, tem documentos que se referem ao "panecumenismo", ou ao ecumenismo inter-religioso, para diferenciá-lo do ecumenismo propriamente intereclesial (cristão). Na América Latina, desde 1992, a expressão consagrada tem sido o "macroecumenismo". De fato, em setembro de 1992, em Quito, o "Manifesto" conclusivo do I Encontro Continental da Assembleia do Povo de Deus (APD) afirmava:

> Aqui, no Equador, centro de nosso continente, estamos reunidos 486 irmãs e irmãos de 20 países da Grande Pátria, indígenas, negros, mestiços, brancos, acompanhados de irmãs e irmãos da África, América do Norte, Ásia e Europa.
> É o primeiro Encontro Continental da Assembleia do Povo de Deus.
> Somos crentes pertencentes a muitas confissões cristãs (evangélicos, católicos, morávios) e membros de religiões indígenas e negras: leigas e leigos, pastoras, pastores, sacerdotes, religiosas, religiosos e bispos.
> Uma humilde, mas alegre e promissora, confluência de irmãs e irmãos que testemunham a mesma fé no Deus da Vida e o empenho na caminhada libertadora de nossos povos. [...]
> *O verdadeiro ecumenismo é maior que o ecumenismo.*
> Porque a *Oikoumene* é toda a terra habitada.
> Neste primeiro encontro da Assembleia do Povo de Deus constatamos que, além de potenciar cada vez mais o ecumenismo entre as Igrejas Cristãs, devemos nos abrir ao macroecumenismo.
> Uma palavra nova para exprimir uma realidade e uma consciência nova, fio condutor de todo o encontro, no tema central dos debates, confluências, tensões, buscas e esperanças. É um ecumenismo que tem as mesmas dimensões universais do Povo de Deus.
> Com esta descoberta começamos a nos despojar dos nossos preconceitos e abraçar com muito mais braços e muito mais corações o Deus Único e Maior, testemunhado e celebrado nas linguagens, cantos, símbolos, gestos – com as almas e os corpos em dança e adoração.[1]

---

[1] Cf. CASALDÁLIGA, Pedro. O macroecumenismo e a proclamação do Deus da Vida. In: TEIXEIRA, Faustino (org.). *O diálogo inter-religioso como afirmação da vida*. São Paulo: Paulinas, 1997. p. 31ss. Ver tb. p. 147ss.

2. A cultura espiritual da qual parte a encíclica

Ao dar à encíclica o título de um poema de louvor e ao dedicá-la ao "cuidado com a casa comum", o papa situou logo a sua encíclica no campo da espiritualidade macroecumênica. A casa (*oikos*) comum é assunto ao mesmo tempo da ecologia e do ecumenismo. E o papa os une nesse cuidado amoroso da casa comum. A encíclica não trata apenas de considerações sobre um tema, nem de propostas sociais e políticas, mas de um cuidado espiritual. Nesse cuidado o papa afirma que "a nossa casa comum é como uma irmã, com a qual compartilhamos a existência, e é como uma mãe que nos acolhe nos braços" (1). Ao falar da irmã Terra, liga-nos a São Francisco e à sua proposta de fraternidade universal. Ao chamar a Terra de mãe, assume a espiritualidade da Pacha-mama, comum aos povos andinos e a tantos outros povos indígenas do planeta.

A partir dessa preocupação, o papa afirma "Há mais de 50 anos, João XXIII escreveu a *Pacem in Terris*, dedicada a toda pessoa de boa vontade. Agora, nesta encíclica, quero, especialmente, entrar em diálogo com todos acerca da nossa casa comum" (3). E a partir daí formula o convite insistente a todos para "renovar o diálogo sobre o modo como estamos construindo o futuro do planeta" (14), "um diálogo intenso e frutuoso entre a ciência e a religião" (62), "um diálogo entre a política e a economia em vista do bem comum" (189), "as religiões no diálogo com as ciências" (199) e assim por diante.

Aliás, o termo diálogo é dos que mais retoma em todo o corpo da encíclica. Nessa encíclica o diálogo não é apenas um método de trabalho ou, menos ainda, uma estratégia para obter o fim a que se propõe, mas é um cuidado espiritual. O Papa Francisco quer "recolher", isto é, unir-se à reflexão de cientistas, filósofos, teólogos e organizações sociais (7). E desde o início deixa claro:

> [...] também fora da Igreja Católica, em outras Igrejas e comunidades cristãs – bem como em outras religiões, se têm desenvolvido uma profunda preocupação e uma reflexão valiosa sobre estes temas que a todos nos são muito caros. Apenas, para dar um exemplo, particularmente significativo, quero retomar brevemente parte da contribuição do amado Patriarca Ecumênico Bartolomeu, com quem partilhamos a esperança da plena comunhão eclesial (7). O patriarca tem chamado a atenção para as raízes éticas e espirituais dos problemas ambientais que nos convidam a encontrar soluções, não só na técnica, mas também na mudança do ser humano (9).

É a partir dessa cultura espiritual e ecumênica que o papa organiza sua reflexão na encíclica.

No método latino-americano do "ver, julgar e agir", o papa tratou da ecologia a partir da realidade social do mundo, da injustiça do sistema econômico excludente dos pobres e da cultura da indiferença que infesta a humanidade. Especialmente o Capítulo I – "O que está acontecendo com a nossa casa" – aborda a realidade da destruição do planeta com todas as suas expressões (poluição, mudanças climáticas, a crise da água e a perda da biodiversidade), sempre a partir da realidade da maioria da humanidade que é empobrecida e vítima do sistema social e econômico dominante. Como nenhum outro papa, Francisco sublinha isso sem meias-palavras e com toda clareza.

Para entender melhor a encíclica *Laudato Si'*, devemos compreendê-la a partir da realidade do mundo dos pobres, maiores vítimas da injustiça ecossocial provocada pelo sistema que domina o mundo e que também oprime a terra e a natureza. Ora, essa visão a partir dos pobres é a principal proposta da espiritualidade macroecumênica, como foi descrita no II Encontro Intercontinental da Assembleia do Povo de Deus, em Bogotá (1996). Os empobrecidos pertencem a diversas religiões, e tanto o capitalismo destruidor da vida e da natureza como a visão neoliberal que oprime os pobres são antiecumênicos e precisam ser denunciados e combatidos pelas tradições espirituais que se unam para isso.[2]

No Capítulo III – "A raiz humana da crise ecológica" –, o papa deixa claro que não adianta abordar os sintomas se não se reconhece a raiz humana da crise ecológica (101). Entre essas raízes que provocam a crise Francisco enumera a *tecnologia* usada como poder arbitrário e sem cuidado com a natureza (102-105), a *globalização* desse *paradigma tecnocrático* (106), a *crise do antropocentrismo* e outros fatores (115ss).

3. Recuperação ecumênica da leitura bíblica da criação

A crise ecológica, do modo como se revela atualmente, é um fenômeno contemporâneo e desafia todas as religiões. Algumas descobrem em suas tradições elementos que ajudam a mudar o modo como a humanidade olha o meio ambiente e o universo que nos cerca. A teologia judaico-cristã tem sido acusada de ter favorecido a falta de responsabilidade com a qual os seres humanos e, principalmente, a sociedade ocidental moderna têm tratado a natureza nos últimos séculos. Alguns autores dizem que a Bíblia, ao ensinar que Deus deu ao ser humano poder para subjugar a natureza e dominar as outras criaturas, deu

---

[2] Idem, p. 33. Ver tb. p. 153ss.

permissão para a destruição ecológica e legitimou o antropocentrismo dominador. Quando estudei teologia, ainda era comum se contrapor a noção bíblica de criação e a compreensão (dita pagã) de natureza.

A encíclica *Laudato Si'* é o primeiro documento oficial da Igreja que reconcilia essas duas visões. E esse é um ato profundamente macroecumênico: mostrar que a visão da natureza como "meio ambiente", comum às chamadas "religiões da natureza", tem mais semelhanças do que diferenças com a visão bíblica sobre a criação. A semelhança é que tanto a sensibilidade atual como a Bíblia insistem que existe uma pertença mútua, um parentesco cósmico, uma irmandade universal entre todos os seres. A Bíblia diz que fora de Deus tudo é criatura. Todos os seres da terra são criaturas de Deus. Todos têm impresso, no mais profundo de si mesmos, a marca do seu criador: uma dignidade própria e maravilhosa. No Capítulo II da encíclica – "O evangelho da criação" –, Francisco aprofunda mais a leitura bíblica da criação contida no Capítulo 2 do Gênesis do que no Capítulo 1. E ali ele sublinha a missão que Deus dá ao ser humano de "cultivar e cuidar" da terra. Como, em um artigo recente, sublinhava Roberto Malvezzi, "cultivar conota uma economia que seja justa e solidária e o cuidar é o caminho de uma ecologia integral".

A Bíblia foi escrita no meio de um povo vítima de uma concepção de sacralização da natureza que fazia o ser humano escravo dos astros. A riqueza e o poder eram vistos como dados pelos astros. E o povo pobre pensava que era oprimido e sem-terra porque estava escrito nos astros. Para favorecer a libertação desses oprimidos, as comunidades bíblicas insistiram mais na dignidade do ser humano do que na sacralidade da terra, da água e do ar. A Bíblia desmitificou a natureza (78). Isso acabou possibilitando que mais tarde se legitimasse, baseada em falsa leitura bíblica, uma cultura antropocêntrica injusta e antiecológica. A solução correta não é a dependência do ser humano com relação à natureza e sim a comunhão (80).

O papa fala de uma visão bíblica da criação que fundamenta uma aliança de amor entre Deus, a humanidade e a criação. A Bíblia nos ensina a viver com a água, com a terra e com todos os seres do universo uma relação de aliança e não de dominação arbitrária e exploradora.

> Na tradição judaico-cristã, dizer "criação" é mais do que dizer natureza, porque tem a ver com um projeto de amor de Deus, onde cada criatura tem um valor e um significado próprios (76).
> Há uma mensagem de cada criatura na harmonia de toda a criação (84).

O Espírito Mãe renova a face da terra e é princípio de uma nova relação entre a comunidade humana e o universo que nos cerca. "O Espírito de Deus encheu o universo de potencialidades que permitem que, do próprio seio das coisas, possa brotar sempre algo de novo" (80). "Jesus vivia em plena harmonia com a criação" (98). A ressurreição de Jesus recapitula toda a criação (Rm 8,19-21; Cl 1,20; Ef 1,9-10). Jesus ressuscitado assume a figura do Cristo Cósmico, uma profecia do ser humano renovado no qual Deus e humanidade se unem.[3] As cartas paulinas e os escritos joaninos falam de Jesus como aquele que em sua pessoa reconcilia o universo e recapitula toda a criação, restituindo ao universo

---

[3] McCARTHY, J., s.j. Le Christ cosmique et l'âge de l'écologie. Une lecture de Col 1,15-20. In: *NRT* 116/1 (1994) 27-47.

um equilíbrio que o pecado quebrara, e pela ressurreição ele restaura e plenifica tudo o que existe (cf. Rm 8,20-22; Cl 1,15-17; Jo 1,1-5). Cristo é cabeça, base de toda a natureza reconciliada com Deus. Paulo chama de "plenitude", em grego *pleroma*, o universo cristificado, cheio da presença amorosa de Deus.

O mundo é predestinado à transfiguração para se tornar um novo céu e uma nova terra. Os Santos Padres realçavam que o ser humano pertence à criação.[4] Foi chamado a dirigir e velar pelos bens que o Senhor lhe confiou. É a primeira vez que um papa cita Teilhard de Chardin, ao afirmar que o universo percorre um caminho de maturação para atingir sua plenitude em Deus; meta já alcançada no Cristo ressuscitado, que é, como diz São Paulo, tudo em todos (83). Essa visão une a perspectiva cristã tradicional com uma visão inovadora que alguns teólogos têm chamado de "panenteísmo" (Deus está em tudo) para distinguir de uma visão panteísta que afirmasse que tudo é Deus.

Por isso a encíclica mostra que no diálogo entre a religião e a ciência "é importante valorizar as riquezas culturais dos povos, a arte e a poesia, a vida interior, a espiritualidade e as diversas expressões da sabedoria religiosa dos povos" (63). A partir desse ponto de partida da valorização das culturas religiosas é que o papa se propõe a aprofundar o que a leitura bíblica pode trazer para os cristãos (e ele faz questão de acrescentar: mesmo para outros crentes) no cuidado com o ambiente.

---

[4] GREGÓRIO DE NAZIANZO. Oração 45. Citado por Cirilo di Smolensk e Leningrado na Conferência de Basileia Verso una Ecologia dello Spírito. In: FILIPPI, A. (a cura di). *Basilea Giustizia e Pace*. Bologna: Edizione Dehoniane, 1989. p. 25.

Dessa profunda visão bíblica e espiritual da criação, Francisco tira conclusões fortes e atuais. Isso é feito principalmente no Capítulo IV, ao tratar de "uma ecologia integral que inclua as dimensões humanas e sociais, além da ambiental" (137ss). Os papas anteriores já tinham chamado a atenção para uma organização econômica do mundo que cria a crise ecológica, mas, agora, pela primeira vez, um papa mostra que a própria ecologia inclui necessariamente as dimensões sociais e econômicas. No entanto, se observarmos bem, Francisco destaca a importância do que ele chama "ecologia cultural", e quando a desenvolve, é a única parte da encíclica que não tem nenhuma citação de outro autor.

É o próprio papa que aprofunda a necessidade de uma mudança cultural. Critica a visão consumista da sociedade (144) e pede uma atenção especial às culturas indígenas e tradicionais (146). Propõe uma "Ecologia da vida cotidiana" (147ss), na qual destaca "o princípio do bens comuns" e a necessidade do respeito e valorização desses bens que são de todos" (156-158).

O Capítulo V, já claramente abordando o "agir", trata de "Algumas linhas de orientação e ação" (163ss). Novamente aí, a proposta concreta é o diálogo. Diálogo na política internacional, para as políticas locais, com a economia, e, finalmente, diálogo entre as religiões e as ciências (199-201). O papa deixa claro que, para dialogar com as ciências, as religiões têm de, antes de tudo, aprofundar o diálogo entre si, um diálogo que tem em vista o cuidado com a natureza, mas que não se fará sem que as tradições espirituais criem entre si "uma rede de respeito e fraternidade" (201).

O último capítulo da encíclica e, evidentemente, o seu cume teórico e original, é sobre "Educação e espiritualidade ecológicas"

(202ss). A encíclica aponta para "outro estilo de vida", procurando vencer a cultura do consumismo e o egoísmo coletivo que se tornou jeito de ser da sociedade dominante (204ss). Propõe nos "educar para uma aliança entre a humanidade e o ambiente" (209ss), através de uma "conversão ecológica" (216-221), da busca da alegria e da paz (222ss) e do estabelecimento de um "amor civil e político" que instaura realmente uma *fraternidade universal*" (228ss).

A encíclica se encerra recolocando a natureza como sacramento do amor divino e apresentando uma forma de lidar com a terra e a natureza como sinais e instrumentos da presença e atuação divinas no universo. Cita explicitamente Ali al-Khawwas, místico islamita sufi, que propõe o encontro com o Mistério divino na interioridade do coração humano, assim como em cada elemento do universo, "em uma folha, uma vereda, um orvalho e no rosto do pobre" (233). Francisco cita místicos cristãos, como São João da Cruz, que "sente que, para ele, Deus é todas as coisas" (234). Propõe uma espiritualidade eucarística profundamente macroecumênica, na qual a Eucaristia é vista como "ato de amor cósmico" (236).

Concluindo

Um elemento que falta à encíclica é a acentuação da importância da relação de gêneros para a ecologia integral que o papa propõe. A partir da intuição vinda de teólogas de outros continentes, como a francesa Françoise d'Eaubonne (1974) e a hindu Vandana Shiva, na América Latina já é consagrado o termo *ecofeminismo*, que revela a unidade entre a preocupação ecológica ambiental e a causa da promoção da mulher. A Teologia Ecofeminista sublinha o fato de que a terra e a natureza são vítimas do mesmo sistema patriarcal e da mesma lógica de dominação que tradicionalmente tem mantido a desigualdade de gêneros e oprime a mulher.[5] Sem dúvida, é pena que a encíclica tão aberta e ecumênica em tantas dimensões da realidade não tenha expressado de forma explícita e forte a valorização da mulher e a relação entre a promoção de igualdade de gêneros e a comunhão ecológica. É preciso, então, que, no caminho da aplicação da encíclica, possamos fazer essa síntese necessária e urgente.

O papa termina sua encíclica com duas orações. Ainda aí percebemos um profundo cuidado macroecumênico. Ele escolheu duas orações, a primeira das quais une os crentes das religiões monoteístas, e somente a segunda reúne os cristãos de todas as Igrejas. Ambas são dirigidas a Deus Pai (não a Jesus) e se concluem pelo louvor gratuito. A primeira se conclui pelo pedido: "sustentai-nos, por favor, na nossa luta pela justiça, o amor e a paz". A segunda pede "que venha o vosso Reino de justiça, paz, amor e beleza". Ambas nos convidam a viver a fé e a espiritualidade em uma perspectiva *reinocêntrica*.

É a partir dessa fé que o Papa Francisco retoma o santo de Assis e nos incita a sermos muito críticos com relação à crise ecológica, muito exigentes com relação a uma profunda mudança de comportamento da humanidade, mas, ao mesmo tempo, jamais abdicar da esperança de que a faísca do amor divino nos comprometa na transformação de nós mesmos e do universo incendiado pelo amor divino.

---

[5] Cf. GEBARA, I. *Teologia ecofeminista*; ensaio para repensar o conhecimento e a religião. São Paulo: Ed. Olho d'Água, 1997.

9

Laudato Si':
o eco papal de uma busca ecumênica

*Magali do Nascimento Cunha**

Introdução

Apesar de serem portadores de um chamado divino para cuidarem e guardarem o Éden, símbolo maior da integridade da criação de Deus, conforme a narrativa bíblica do Gênesis, os seres humanos desprezaram e negligenciaram essa tarefa. Homens e mulheres se tornaram a própria ameaça da casa comum, por meio da exploração abusiva dos seus recursos, do maltrato dos seres não humanos e do descaso com os seus iguais. Isso representou a consolidação de um modelo de vida baseado na cobiça, na competição e no consumo sem medida, no lucro gerador de injustiça e ausência de paz, a despeito da sobrevivência da casa comum.

Nesse processo as Igrejas, o corpo formado por diferentes grupos de seguidores e seguidoras do Deus-em-Cristo, não destacaram, durante a sua história, o chamado para o cuidado e a guarda da criação. Encontraram sua vocação em outras ênfases e frentes, o que, por vezes, representou a sua própria integração às ações de exploração e maltrato da casa comum. A

---

[*] Jornalista, professora do Programa de Pós-Graduação em Comunicação Social da Umesp. Membro da Igreja Metodista, moderadora do Grupo de Referência da Peregrinação de Justiça e Paz do Conselho Mundial de Igrejas (CMI).

participação das Igrejas do Norte nos processos de colonização das Américas, da África e da Ásia é o mais forte exemplo, somada à adesão que também tiveram em outros eventos globais chamados "civilizatórios". Não que não houvesse cristãos e cristãs sensíveis ao chamado divino. Algumas vozes se levantaram para exaltar a criação e chamar ao seu cuidado. Certos escritos foram produzidos entre um ou outro grupo sobre a temática e são registros de que o silêncio não era total.

No entanto, foi o movimento ecológico do século XX que chamou a atenção das Igrejas para o grito de socorro da *oikoumene*, resultante dos processos desenvolvimentistas. Como no cumprimento da profecia de Jesus, "se vocês se calarem, as pedras clamarão". E clamaram. Não pedras, mas pessoas, grupos e instituições de boa vontade. Eles passaram a pronunciar e denunciar os resultados dos séculos de projetos desenvolvimentistas e do desejo irrestrito e egocêntrico de realização e consumo, antropocentrados, negadores da vida plena e da biodiversidade.

Foi o movimento ecumênico, o testemunho das Igrejas na *oikoumene*, da busca por diálogo e unidade visível do corpo do Deus-em-Cristo e da unidade na promoção da vida, que primeiramente atentou para esse clamor. E conclamou cristãos e cristãs a um esforço comum, em especial por meio das ações do Conselho Mundial de Igrejas (CMI), a mais importante expressão do movimento. Fundado em 1948, o CMI é uma associação fraterna, resultante dos esforços de unidade entre cristãos; um expressivo número de Igrejas anglicanas, batistas, luteranas, metodistas e reformadas, a maior parte das Igrejas ortodoxas, bem como muitas Igrejas unidas e independentes.

No contexto da proclamação da encíclica *Laudato Si'* – sobre o cuidado da casa comum –, do Papa Francisco, em junho de

2015, dedicamo-nos a localizar a palavra papal no contexto da história da busca ecumênica pelo cuidado e a guarda da casa comum, na forma de um eco que torna possível a amplificação das vozes e escritos produzidos ao longo das décadas anteriores. Como afirmou o secretário-geral do CMI, Rev. Olav Fykse Tveit, na *Declaração sobre a encíclica Laudato Si'*, publicada em 18 de junho de 2015:

> É hora de enfocarmos nossas responsabilidades comuns como seres humanos e a forma como as Igrejas podem apoiar aqueles que estão prontos para fazerem as mudanças necessárias. [...] Congratulamo-nos com o Santo Padre, que reconhece que "noutras Igrejas e Comunidades cristãs – bem como noutras religiões – se tem desenvolvido uma profunda preocupação e uma reflexão valiosa" (7)[1].

1. Justiça, paz e integridade da criação

A preocupação com os projetos desenvolvimentistas e seus efeitos sobre a vida do mundo tornou-se tema das reuniões ecumênicas dos anos 1960. A Conferência Mundial de Igreja e Sociedade, realizada pelo CMI, em 1966, estudou a questão que destacava a ameaça sobre as populações, em especial as mais pobres e vulneráveis. A partir daí foi inevitável chegar ao tema do meio ambiente. Já na contramão da tendência global, que colocava a ênfase desenvolvimentista no crescimento econômico, e ouvindo os grupos interessados nos efeitos dessas práticas na vida do planeta, o CMI criou, nos anos 1970, o Programa Por

---

[1] TVEIT, Olav Fykse. Statement on the Enciclycal *Laudato Si'*. 18 jun 2015. Disponível em: <https://www.oikoumene.org/en/resources/documents/general-secretary/statements/statement-by-the-wcc-general-secretary-rev-dr-olav-fykse-tveit-on-the-encyclical-letter-laudato-si2019-of-the-holy-father-francis-on-care-for-our-common-homencis>. Acesso em: 24 ago 2015. Tradução livre.

uma Sociedade Justa, Participativa e Sustentável, com ênfase na participação e na sustentabilidade. O Programa, que passou a trabalhar o tema com Igrejas em todos os continentes, incluía a compreensão de "limites para o crescimento", reconhecida pelo Clube de Roma, em 1972, considerada a primeira reunião em nível mundial a discutir os efeitos do desenvolvimento no meio ambiente.[2] Naquele mesmo ano de 1972 acontecia a Conferência Mundial sobre o Homem e o Meio Ambiente, conhecida como Conferência de Estocolmo, a primeira reunião mundial, promovida pela Organização das Nações Unidas (ONU), que tratou formalmente de atitudes a serem tomadas pelos países para a preservação do meio ambiente.

Como resultado de seu engajamento nessas questões, como um desafio ao testemunho cristão no mundo, o CMI destaca o tema do cuidado com a criação na sua 6ª Assembleia, realizada em Vancouver, Canadá, em 1983. Como consequência, foi estabelecido o Processo Justiça, Paz e Integridade da Criação (JPIC), quando a questão ambiental foi definitiva e

---

[2] O Clube de Roma é uma organização não governamental (ONG) que teve início em abril de 1968 como um pequeno grupo internacional de profissionais das áreas de diplomacia, indústria, academia e sociedade civil, de dez países diversos, que se reuniram em Roma para tratar de assuntos relacionados ao uso indiscriminado dos recursos naturais do meio ambiente em termos mundiais. Eles tinham uma visão nova que enfocava as consequências, a longo prazo, da constante interdependência global, e utilizavam conhecimento acadêmico para compreender por que e como isto estava para acontecer. Em 1972, essa trajetória foi reconhecida mundialmente mediante o primeiro relatório do Clube de Roma, "Os Limites para o Crescimento" (The Limits to Growth), a cargo de um grupo de cientistas no Instituto de Tecnologia de Massachusetts. O relatório explorava um número de situações e afirmava que existia a opção para a sociedade de reconciliar o progresso sustentável dentro das limitações ambientais. Cf. Clube de Roma. Disponível em: <http://www.clubofrome.org/?p=4771>. Acesso em: 24 ago 2015.

integralmente incorporada à preocupação e às ações ecumênicas nos processos de desenvolvimento. Outro desdobramento foi o lançamento, em 1988, do Programa do CMI sobre Mudanças Climáticas para "promover a transformação das estruturas socioeconômicas e das escolhas de estilo de vida das pessoas que contribuam para o aquecimento global". Um terceiro resultado foi a realização da Convocatória Justiça, Paz e Integridade da Criação, em Seul, Coreia do Sul, 1990, envolvendo todas as Igrejas-membros do CMI e outras Igrejas-irmãs e personalidades e organizações de defesa do meio ambiente.

Desde os seus primórdios, o movimento ecumênico – e o CMI, por conseguinte – enfatizava em suas ações as noções de paz e justiça. Atravessando guerras mundiais e conflitos localizados, defrontando-se com buscas humanitárias intensas, o movimento ecumênico foi aprendendo que justiça e paz são elementos inseparáveis e deveriam estar na raiz de todo testemunho cristão neste mundo. Foi a partir dos anos 1970, com o conceito de comunidades sustentáveis, que ajudou a construir, que o CMI trouxe as noções inseparáveis de justiça e paz para a relação com o meio ambiente, atribuindo-lhe o conceito teológico da criação.

O Papa Francisco reconhece o lugar deste conceito no texto da *Laudato Si'*, no capítulo que denomina "O evangelho da criação". No texto, ele reconhece que

> a Bíblia ensina que cada ser humano é criado por amor, feito à imagem e semelhança de Deus (cf. Gn 1,26). Esta afirmação mostra-nos a imensa dignidade de cada pessoa humana, que "não é somente alguma coisa, mas alguém. É capaz de se conhecer, de se possuir e de livremente se dar e entrar em comunhão com outras

pessoas". São João Paulo II recordou que o amor muito especial que o Criador tem por cada ser humano "confere-lhe uma dignidade infinita". Todos aqueles que estão empenhados na defesa da dignidade das pessoas podem encontrar, na fé cristã, as razões mais profundas para tal compromisso (65).

A Convocatória de Seul trabalhou a dimensão "Justiça, Paz e Integridade da Criação (JPIC)", a fim de "traçar projetos para uma ação ecumênica que possibilite superar os problemas causados pela injustiça, violência, e pela degradação do meio ambiente". A preocupação com a mudança climática esteve em destaque. Foram feitas dez afirmações da parte das Igrejas: (1) o exercício do poder como prestação de contas a Deus; (2) a opção de Deus pelos pobres; (3) o valor igual de todas as etnias e povos; (4) homens e mulheres como seres criados à imagem de Deus; (5) a verdade está na base de uma comunidade de pessoas livres; (6) a paz de Jesus Cristo; (7) a criação como amada de Deus; (8) a terra é do Senhor; (9) a dignidade e o compromisso da geração mais jovem; e (10) os direitos humanos como dádivas de Deus. Os participantes de Seul também firmaram um pacto sobre quatro questões concretas: (1) uma ordem econômica justa e a libertação da escravidão da dívida externa; (2) a verdadeira segurança de todas as nações e povos e uma cultura de não violência; (3) a construção de uma cultura que viva em harmonia com a integridade da criação e a preservação do dom da atmosfera da terra (o clima) para cultivar e sustentar a vida do mundo; e (4) a erradicação do racismo e da discriminação em todos os níveis, para todos os povos, e o desmantelamento dos padrões de comportamento que perpetuam o pecado do racismo.

Na 7ª Assembleia do CMI, posterior à Convocatória de Seul, realizada em Camberra, Austrália, em 1991, o CMI abraçou definitivamente o Processo JPIC e foi criada uma Unidade

Programática denominada Justiça, Paz e Criação. Naquele mesmo ano foi iniciado o Estudo sobre Teologia da Vida, construído a partir de experiências de vinte e dois grupos locais ao redor do mundo, cada um refletindo sobre cada uma das dez afirmações da Convocatória de Seul. A intenção era consolidar uma teologia para o CMI que fosse mais vinculada às experiências das comunidades locais nos diferentes continentes. O CMI trabalhava para incentivar as Igrejas, no seu caminho de diálogo entre si, com as demais religiões e com todos os demais grupos que atuam pela vida, para que desenvolvessem um testemunho vivo de sua resposta ao chamado divino do cuidado com a criação. Incluída aí a tarefa profética da denúncia dos processos de ambição desmedida de nações e grupos privados resultantes na exploração e na destruição do meio ambiente. Assim se enfatizava a responsabilidade das Igrejas com o cuidado com o meio ambiente, com a criação.

O Papa Francisco retoma esta compreensão na encíclica que versa "sobre o cuidado da casa comum", ao reconhecer que

> compete à política e às várias associações um esforço de formação das consciências da população. Naturalmente compete também à Igreja. Todas as comunidades cristãs têm um papel importante a desempenhar nesta educação. Espero também que, nos nossos Seminários e Casas Religiosas de Formação, se eduque para uma austeridade responsável, a grata contemplação do mundo, o cuidado da fragilidade dos pobres e do meio ambiente. Tendo em conta o muito que está em jogo, do mesmo modo que são necessárias instituições dotadas de poder, para punir os danos ambientais, também nós precisamos nos controlar e educar uns aos outros (214).

Foi a partir dessa dinâmica que o CMI se engajou no processo preparatório e nos desdobramentos da Conferência das

Nações Unidas sobre o Meio Ambiente e o Desenvolvimento, a primeira grande reunião mundial da ONU, desde Estocolmo, 1972, desta vez no Brasil, na cidade do Rio de Janeiro, em junho de 1992. Conhecida como ECO-92, a conferência teve uma programação paralela promovida por organizações ecumênicas e por organizações não governamentais de todo o mundo, a Expo Rio-92, no interior da qual havia uma Tenda Inter-Religiosa que discutia a relação meio ambiente-religiões e a realização da celebração inter-religiosa "Um novo dia para a Terra". O movimento ecumênico, particularmente o CMI, esteve oficialmente presente nos dois eventos: a ECO-92, o que envolveu autoridades públicas e chefes de Estado, e a Expo Rio-92.

O encontro paralelo promovido pelo CMI reuniu representações das Igrejas de todos os continentes e foi intitulado "Em busca de um novo céu e uma nova terra". A peculiaridade desse evento residiu no fato de que, por uma opção teológica, ele foi realizado não no Aterro do Flamengo, zona sul do Rio de Janeiro, ao lado dos demais eventos paralelos programados pela Expo Rio-92, mas, com imersão em comunidades e em uma casa de encontros da Igreja Católica, na cidade de Nova Iguaçu, Baixada Fluminense. Era uma presença simbólica em uma região do Grande Rio devastada por situações de injustiça e falta de paz que afetavam dramaticamente a integridade da criação. Na Carta às Igrejas, produzida ao final desse encontro, os participantes declararam a singularidade daquela situação histórica, em que, pela primeira vez, se reconhecia que os sistemas que sustentam a vida no planeta poderiam ser destruídos pela ação humana. As Igrejas reconheceram que houve "conquistas e limitações" na ECO-92 e que os resultados deveriam ser tomados como ponto de partida para maior cooperação internacional. O encontro de Nova Iguaçu representou a renovação do compromisso ecumênico profético de vinte anos, por meio do CMI.

2. Novos trajetos na caminhada ecumênica no cuidado com a criação

A dimensão da justiça, paz e integridade da criação tornou-se espaço privilegiado nas ações do CMI. O organismo ecumênico reconhece que os impactos ambientais são históricos na trajetória da humanidade, mas a casa comum vive um momento mais grave do que nunca. Um novo e grande mal que afeta a criação é a cultura global do consumo exacerbado, amplamente vivido e estimulado por países ricos e para países em desenvolvimento. A vida, na sua integralidade, vem sendo afetada por isso.

O Papa Francisco traz ecos dessa compreensão na sua encíclica, quando denuncia que

> a visão consumista do ser humano, incentivada pelos mecanismos da economia globalizada atual, tende a homogeneizar as culturas e a debilitar a imensa variedade cultural, que é um tesouro da humanidade. Por isso, pretender resolver todas as dificuldades, através de normativas uniformes ou por intervenções técnicas, leva a negligenciar a complexidade das problemáticas locais, que requerem a participação ativa dos habitantes (144).

O documento AGAPE (Alternative Globalization Addressing Peoples and Earth [Globalização Alternativa Dirigida aos Povos e à Terra]) – Um chamado ao amor e à ação, de 2005, já aprofundava esse aspecto do contexto global. Foi o resultado de um estudo sobre globalização econômica estabelecido entre a 8ª Assembleia do CMI (Harare, Zimbábue, 1998) e a 9ª (Porto Alegre, Brasil, 2006). Foi preparado pela Comissão de Justiça, Paz e Integridade da Criação, sob a coordenação do Comitê Central do CMI. O texto cita o espaço privilegiado do Fórum Social Mundial e denuncia que a globalização econômica e as estruturas do mercado financeiro estão ampliando cada vez mais as diferenças entre ricos e pobres e causando maior ameaça à paz na terra. A globalização é reconhecida como um processo perverso para o meio ambiente, por meio de amplo caminho para a exploração e menos espaço para a solidariedade. As Igrejas são chamadas a agir unidas para transformar a injustiça econômica.[3]

Várias afirmações da *Laudato Si'* estão em sintonia com tal perspectiva. As palavras de Francisco são enfáticas quanto à perversidade do sistema que rege o mundo hoje.

> Um mundo interdependente não significa unicamente compreender que as consequências danosas dos estilos de vida, produção e consumo afetam a todos, mas principalmente procurar que as soluções sejam propostas a partir de uma perspectiva global e não apenas para defesa dos interesses de alguns países. A interdependência obriga-nos a pensar *em um único mundo, em um projeto comum* (164).
>
> Para que apareçam novos modelos de progresso, precisamos "converter o modelo de desenvolvimento global", e isto implica refletir responsavelmente "sobre o sentido da economia e dos seus objetivos, para corrigir as suas disfunções e deturpações". Não é suficiente conciliar, a meio-termo, o cuidado da natureza com o ganho

---

[3] Disponível em: <https://www.oikoumene.org/es/resources/documents/assembly/2006-porto-alegre/3-preparatory-and-background-documents/alternative--globalization-addressing-people-and-earth-agape?set_language=es>.

financeiro, ou a preservação do meio ambiente com o progresso. Neste campo, os meios-termos são apenas um pequeno adiamento do colapso. Trata-se simplesmente de redefinir o progresso (194).

Com base nessas concepções da longa trajetória que enfatiza as relações entre justiça, paz e integridade da criação, o CMI tem buscando responder às demandas indicadas pelo documento AGAPE e aos desafios globais mais urgentes. Sob o Programa Testemunho Público e Diaconia, o organismo ecumênico tem desenvolvido o que denomina "trabalho de ecojustiça", por meio da Rede Ecumênica da Água, do Projeto de Justiça Climática e do Projeto Pobreza, Riqueza e Ecologia. São muitas as ações entre materiais de estudo para as Igrejas e eventos de formação para práticas ecumênicas pelo cuidado com a criação.

É nesse sentido que o CMI desenvolve, desde 2009, uma campanha denominada "Tempo para a Criação", realizada de 1º de setembro a 4 de outubro. O período da campanha tem relação com a preocupação com a criação da parte de tradições cristãs orientais e ocidentais. O 1º de setembro é o Dia de Oração pelo Meio Ambiente estabelecido pelo Patriarca Ecumênico em 1989. O ano da Igreja Ortodoxa começa nesse dia com a comemoração da Criação do Mundo por Deus. Em 4 de outubro, católicos romanos e outros grupos cristãos ocidentais celebram o Dia de São Francisco de Assis, nas tradições católica romana e anglicana. O CMI considerou importante ressaltar o testemunho de Francisco de Assis para com a criação, conhecido pela composição do hino, cantado em muitas Igrejas, "Cântico das Criaturas/da Criação".

O Papa Francisco segue esse caminho ao trazer o exemplo de São Francisco de Assis para o centro da sua reflexão. Segundo o texto da *Laudato Si'*, Francisco de Assis

> manifestou uma atenção particular pela criação de Deus e pelos mais pobres e abandonados. Amava e era amado pela sua alegria, a sua dedicação generosa, o seu coração universal. Era um místico e um peregrino que vivia com simplicidade e em uma maravilhosa harmonia com Deus, com os outros, com a natureza e consigo mesmo. Nele se nota até que ponto são inseparáveis a preocupação pela natureza, a justiça para com os pobres, o empenhamento na sociedade e a paz interior (10).
>
> Entrava em comunicação com toda a criação, chegando mesmo a pregar às flores "convidando-as a louvar o Senhor, como se gozassem do dom da razão". A sua reação ultrapassava de longe uma mera avaliação intelectual ou um cálculo econômico, porque, para ele, qualquer criatura era uma irmã, unida a ele por laços de carinho. Por isso, sentia-se chamado a cuidar de tudo o que existe (11).

O tema da campanha "Tempo para a Criação" é apresentado como uma oportunidade de jejuar pelo clima; de orar durante o período; de refletir e chamar as Igrejas para a mudança, para a conversão do ser humano como cuidador da casa comum. É também tempo de renovar a esperança e reafirmar a responsabilidade com a criação e todas as possibilidades de sua redenção.

Além do reconhecimento da contribuição de Francisco de Assis, o papa acompanha o movimento ecumênico, por meio do CMI, no destaque ao aporte do Patriarcado Ortodoxo Ecumênico. Ele cita, na *Laudato Si'*, o chamamento do Patriarca Ecumênico Bartolomeu, a quem se refere como "amado" (7),

> à necessidade de cada um se arrepender do próprio modo de maltratar o planeta, porque "todos, na medida em que causamos

pequenos danos ecológicos", somos chamados a reconhecer "a nossa contribuição – pequena ou grande – para a desfiguração e destruição do ambiente" (8).

Na trilha dos esforços ecumênicos, Francisco instituiu o 1º de setembro como o Dia Mundial de Oração pelo Cuidado com a Criação. Esta ação faz parte do chamado à conversão feito na encíclica:

> Convido todos os cristãos a explicitar esta dimensão da sua conversão, permitindo que a força e a luz da graça recebida se estendam também à relação com as outras criaturas e com o mundo que os rodeia, e suscite aquela sublime fraternidade com a criação inteira que viveu, de maneira tão elucidativa, São Francisco de Assis (221).

Conclusão: os ecos da *Laudato Si'*

As palavras do secretário-geral do Conselho Mundial de Igrejas, Olav Fykse Tveit, expressam claramente o sentido desta reflexão, que buscou localizar a encíclica *Laudato Si'* no contexto da trajetória ecumênica na busca por justiça, paz e integridade da criação:

> Este é um difícil chamado à conversão, que é o cerne da mensagem do Evangelho. Uma profunda espiritualidade da criação (cf. 233-240) pode nos ajudar a passar por este processo como uma peregrinação. Como nós, do CMI, temos avançado em uma peregrinação de justiça e paz, nos sentimos perto da mensagem do Papa Francisco, quando ele lembra que "os seres humanos estão unidos como irmãos e irmãs em uma peregrinação maravilhosa, tecida em conjunto pelo amor que Deus tem por cada uma de suas criaturas" (92).

Aí está o sentido maior do movimento ecumênico, identificado por Tveit, destacado no texto da encíclica. Ele não se restringe às Igrejas e inclui as pessoas de boa vontade, amadas e valorizadas por Deus. Aí estão fortes ecos do testemunho de muitas décadas e que se tornam fontes de regozijo para diferentes e variadas comunidades ao redor do globo, por serem mais um testemunho evangélico expressivo do Papa Francisco.

10
O paradigma tecnocrático

*Manfredo Araújo de Oliveira**

"Evangelizar é tornar o Reino de Deus presente no mundo" (EG 176). Vivemos hoje numa nova era (102), por isto se faz necessário antes de tudo, para a evangelização, nos darmos conta dos traços gerais da forma da sociedade moderna em que vivemos, que é extremamente complexa e diferenciada. Diz o papa:

> Os Pastores, acolhendo as contribuições das diversas ciências, têm o direito de exprimir opiniões sobre tudo aquilo que diz respeito à vida das pessoas, dado que a tarefa da evangelização implica e exige uma promoção integral de cada ser humano (EG 182).

1. Paradigma tecnocrático e antropocentrismo

O papa afirma que nossa vida hoje é configurada a partir do "paradigma tecnocrático", que é um paradigma homogêneo e unidimensional (106). Isso significa dizer que uma "categoria central" para a compreensão do mundo em que estamos inseridos e da posição do homem de hoje diante da realidade em seu todo é precisamente a técnica moderna: "A vida passa a ser uma rendição às circunstâncias condicionadas pela técnica, entendida como recurso principal para interpretar a existência"

---

* Doutor em Filosofia pela Universität München Ludwig Maximilian. Presbítero e professor de Filosofia na Universidade Federal do Ceará.

(110). Dessa forma, a essência histórica da técnica moderna só pode ser interpretada adequadamente a partir da compreensão de mundo e de ser humano que caracteriza a cultura moderna, onde a técnica não é simplesmente um fenômeno importante entre outros ou um setor específico, mas seu "elemento determinante".

Esta nova visão global se articulou enquanto "antropocentrismo moderno", que colocou a razão técnica acima da realidade (115). É uma manifestação de que o ser humano passou a ocupar agora outro lugar no mundo: ele termina por se considerar o centro (122), a esfera que determina o sentido do mundo. Por esta razão não reconhece mais o valor intrínseco dos outros seres e reduz a natureza a puro espaço e matéria de sua ação no mundo. Por isso não é capaz de "reconhecer a mensagem que a natureza traz inscrita nas suas próprias estruturas" (117). É essa concepção que leva o ser humano a se declarar autônomo da realidade e a julgar que é seu dominador absoluto. Isso constitui, certamente, "uma concepção errada da relação do ser humano com o mundo". O ser humano não é o senhor do universo, mas deve ser seu administrador responsável (116). Por essa razão, "não há ecologia sem uma adequada antropologia" (118). É a partir de uma visão correta do ser humano que se faz possível compreender as raízes profundas dos desequilíbrios atuais: "[...] estes têm a ver com a orientação, os fins, o sentido e o contexto social do crescimento tecnológico e econômico" (109).

No entanto, para o papa a crítica a este antropocentrismo de nenhuma forma justifica uma passagem para seu extremo oposto, ou seja, para o "biocentrismo" que não reconhece as peculiaridades que caracterizam o ser humano como ser dotado de conhecimento racional, vontade, liberdade e responsabilidade; o que significa dizer que a solução da enorme crise ecológica não virá "sem curar todas as relações humanas fundamentais" (119). O reconhecimento do valor próprio do ser humano acima das outras criaturas "suscita a valorização de cada pessoa humana e, assim, estimula o reconhecimento do outro. A abertura a um 'tu' capaz de conhecer, amar e dialogar continua a ser a grande nobreza da pessoa humana" (119).

Uma consequência gravíssima da visão antropocêntrica seria o "relativismo prático", que consiste, em primeiro lugar, em afirmar que "não há verdades objetivas nem princípios universalmente válidos, fora da satisfação das aspirações próprias e das necessidades imediatas" (123) e, consequentemente, em dar prioridade absoluta aos interesses contingentes de uma pessoa. Assim, "tudo mais se torna relativo" (122). Tudo o que não serve aos interesses imediatos de alguém perde qualquer importância, e esta mentalidade nos "permite compreender como se alimentam mutuamente diferentes atitudes, que provocam ao mesmo tempo a degradação ambiental e a degradação social" (122). É a cultura do relativismo que leva uma pessoa a se aproveitar da outra e a tratá-la como mero objeto, leva à exploração sexual das crianças, ao abandono dos idosos, ao tráfico de seres humanos, à criminalidade organizada, ao narcotráfico, ao comércio de diamantes ensanguentados e de peles de animais em via de extinção, à compra de órgãos dos pobres para vender ou utilizar para experimentação, ao descarte de crianças por não corresponderem ao desejo dos pais, ao consumo de muito mais do que se tem necessidade (123).

Nessa "cultura antropocêntrica" a totalidade da existência humana é marcada pela técnica. A realidade técnica, a produção técnica e seus produtos apresentam-se aqui como o modelo de interpretação da totalidade do ser, o critério para o que deve valer como real e verdadeiro. Por se fazer, assim, a efetividade fundamental da automediação do ser humano no mundo, a técnica transforma profundamente a forma de entender a vida humana, as maneiras de pensar e de agir atingindo até as esferas mais familiares e privadas da vida, os hábitos e costumes, as instituições e os valores, a história, a sociedade, o cosmo, o mundo em que o ser humano vive, compreendendo e agindo. Dessa forma, a técnica se fez "um paradigma de compreensão que condiciona a vida das pessoas e o funcionamento da sociedade" (107). Sabemos, contudo, afirma o papa, que a aplicação desse paradigma de compreensão a toda a realidade humana e social conduz a reducionismos que marcam a vida dos seres humanos e da sociedade em todas as suas dimensões (107).

A primeira característica deste novo contexto cultural consiste justamente em ter aberto a terra à exploração técnica, de tal modo que nenhum setor da natureza e da cultura permanece intocado. Daí por que em nossa civilização a técnica se transforma na postura fundamental do ser humano diante do mundo; o que significa abrir espaço para interpretar toda a existência, tanto a individual como a social, a partir do caráter funcional da técnica. Passa-se a ver o ser humano, enquanto portador através da técnica, de enorme poder e liberdade (um poder tremendo, basta lembrar as bombas atômicas [104]). O ser humano hoje "está nu e exposto ante seu próprio poder que continua a crescer sem ter os instrumentos para o controlar" (105). Daí a pergunta fundamental: "Nas mãos de quem está e pode chegar a estar tanto poder?" (104).

Uma consequência é que o "saber de dominação" (106), o saber instrumental na terminologia da Escola de Frankfurt, é o único neste contexto a poder levantar a pretensão de validade. Isso leva "frequentemente a perder o sentido da totalidade, das relações que existem entre as coisas, do horizonte alargado: um sentido que se toma irrelevante" (110). Perde-se aqui uma compreensão fundamental, que é decisiva para a visão do todo da realidade e para nossa ação no mundo: "tudo está interligado" (138). Mais ainda: isso produziu a ideia de um crescimento ilimitado; o que pressupõe "a mentira da disponibilidade infinita dos bens do planeta, o que leva a 'espremê-lo' até ao limite e para além do mesmo" (106). Na realidade concreta, há vários sinais que revelam o erro dessa postura, como a degradação ambiental, a ansiedade, a perda do sentido da vida e da convivência social (110).

2. Ambiguidade da tecnociência

O papa tem consciência clara de que nossa civilização tecnológica, que muito nos fascina, se encontra diante de uma encruzilhada (102), de um dilema. Se queremos acolher os resultados positivos do processo de tecnificação de nossa existência, "não podemos deixar de apreciar e agradecer os progressos alcançados especialmente na medicina, engenharia e comunicações" (102). A técnica de fato efetiva as condições necessárias para a superação de condicionamentos materiais. Portanto, para melhorar as condições de vida do ser humano e também para produzir coisas belas (103), dando ao ser humano "um domínio impressionante sobre o conjunto do gênero humano e do mundo inteiro. Nunca a humanidade teve tanto poder sobre si mesma"

(104). Dificilmente, contudo, estamos dispostos a aceitar seu "potencial destrutivo", que chega a ameaçar a própria sobrevivência da humanidade e de toda forma de vida no planeta. A ambiguidade de nossa situação se entende precisamente a partir do fato de que parece que as ciências modernas e sua tecnologia se tornaram indispensáveis para a existência física, política, cultural e econômica dos seres humanos de nossa época justamente porque "a tecnologia deu remédio a inúmeros males, que afligiam e limitavam o ser humano" (102). Ela, sem fins próprios, se põe a serviço da consecução eficiente dos fins de todos os subsistemas da vida humana. Isso conduziu a uma fé inabalável no valor dos conhecimentos científicos e das tecnologias que deles provêm. No entanto, afirma o papa, "quando a técnica ignora os grandes princípios éticos, acaba por considerar legítima qualquer prática" (136).

A técnica se transformou de tal modo num elemento integrante de nossa existência que se defende fortemente a tese de que opor-se a ela num mundo em pleno processo de globalização dos mercados certamente geraria consequências funestas. E implicaria uma contraposição ao ambicionado desenvolvimento da humanidade apreciado como a condição da diminuição do peso do trabalho físico pelo sucesso cada vez maior no domínio das resistências da própria natureza ao trabalho humano e da melhoria das condições de vida, sobretudo, no campo da proteção à vida e da segurança social. Assim, o progresso e a exatidão se tornam objetivos a serem sempre buscados num processo de revolução permanente das bases da vida humana. Aceita-se a tese, diz o papa, de que hoje a humanidade não pode mais existir sem os meios científicos e os procedimentos técnicos (108).

Manifesta-se com clareza para nós que a "tecnosfera", produzida através da técnica moderna, se põe no lugar da "biosfera", que o ser humano encontrou e por sua vez só pode ser dominada através de procedimentos tecnológicos. Considerando a significação originária entre os gregos de "Physis" enquanto algo *pré*-dado, que cresce e se desenvolve por si mesmo independentemente do ser humano, é preciso dizer que temos agora uma nova natureza. O que caracteriza precisamente nossa técnica moderna é que ela se fez ciência, ou seja, se baseia num conhecimento rigoroso das forças da natureza e de suas leis de tal modo que nosso relacionamento atual com a natureza é fundamentalmente marcado pelas ciências modernas. "A atividade humana tona-se onipresente, com todos os riscos que isto implica" (34).

Chama-se a atenção aqui para que o ponto de partida de todo esse processo tem raízes ontológicas, ou seja, trata-se do fato de que o ser humano, enquanto ser natural, é dependente da natureza e não pode nem simplesmente viver sem a utilização de suas funções construtivas. A própria natureza já se nos revela como um sistema de utilização recíproca.

Assim, a técnica se vai apresentando hoje cada vez mais como um poder universal que perpassa e atinge tudo: tanto a natureza interna como a externa, e o mundo histórico, nada do que é dado lhe escapa: "Com efeito, a técnica tem a tendência de fazer com que nada fique fora de sua lógica férrea" (108). No caso das técnicas de comunicação, elas chegam a modificar estruturas de consciência. Daí os fenômenos hoje conhecidos: a especialização e centralização na produção. Em virtude disso, torna-se hoje muito difícil um olhar de conjunto: "A fragmentação do saber realiza a sua função no momento de se obter aplicações concretas, mas frequentemente leva a perder o sentido da totalidade, das relações que existem entre as coisas, [...]" (110). E isso tem muitas consequências. O que se torna hoje cada vez mais manifesto é que a civilização técnico-científica é perpassada por uma problemática básica: a incapacidade notória do ser humano de finalizar o processo previsivelmente destruidor de si mesmo e da natureza. A humanidade de hoje tem consciência de estar de posse de todos os meios técnico-científicos capazes de efetivar a extinção de si mesma e de todas as outras formas de vida sobre o planeta.

3. Globalização e tecnociência

"O paradigma tecnocrático tende a exercer o seu domínio também sobre a economia e a política" (109). Foi no seio da nova revolução tecnológica no âmbito da informação, dos transportes e das comunicações que se gestou um modo novo de acumulação e regulação do capital, a globalização ou mundialização. Trata-se de um tipo de "liberalismo transnacional", já que por decisões políticas desregulamentou o mercado mundial, sobretudo os mercados financeiros produtores da especulação em grande escala e estimuladores da criação dos paraísos fiscais, uma "financeirização que sufoca a economia real" (109). Revela-se aqui, com clareza, que o desenvolvimento tecnológico se faz exclusivamente em função da maximização dos ganhos sem preocupação "com o justo nível da produção, uma melhor distribuição da riqueza, um cuidado responsável do meio ambiente ou os direitos das gerações futuras" (109).

A globalização aprofundou os processos de interconexão econômica, política e cultural, provocando uma permuta mais ampliada entre os países e os povos, aumentando a interdependência ainda que de forma assimétrica: o "superdesenvolvimento dissipador e consumista" convive em nosso mundo com a "miséria desumanizadora" (109). Esse sistema foi possibilitado por muitos fatores, entre os quais ocupam lugar fundamental os progressos tecnológicos com a revolução dos meios de comunicação (47). Fez-se possível, assim, ultrapassar as fronteiras do tempo e do espaço, tornando a comunicação mundial instantânea, estendendo para todo o planeta a difusão não só de imagens e sons no seio de um bombardeio publicitário permanente, mas de capitais, de tecnologias, de ordens de bolsas e transações, informações etc.

Na realidade, nesta dinâmica o capital angariou para si um espaço de ação para além do espaço dos estados nacionais, instituindo uma economia global através de uma onda de desregulamentações, fusões e privatizações, reestruturação empresarial e produtiva, expansão das empresas transnacionais. Aumentou a produção e a riqueza mundiais com distribuição desigual de seus resultados, privilegiando elites hegemônicas e degradando os ecossistemas. A globalização transformou profundamente a organização econômica, as relações sociais, os modelos de vida e cultura, os estados e a política e acelerou enormemente mudanças. Recorre-se hoje à lógica da globalização para legitimar o desmantelamento das instituições de proteção social e de controle de mercados, do exercício do papel equilibrador do Estado e da proteção dos direitos dos cidadãos. Grandes massas de indivíduos são os perdedores desse processo. Para o papa, os problemas da fome e da miséria no mundo não serão, como se propala, resolvidos simplesmente pelo mercado, pois "o mercado, por si mesmo, não garante o desenvolvimento humano integral nem a inclusão social" (109).

Tudo isso facilmente leva a considerar o que é tecnicamente possível como o que "deve" ser efetivado, identificando, assim, ética e técnica, o que mostra que "o imenso crescimento tecnológico não foi acompanhado por um desenvolvimento do ser humano quanto à responsabilidade, aos valores, à consciência" (105). O ser humano, através da técnica, estabelece fins que gestam um mundo artificial em que vai encontrar sempre mais a si mesmo porque vai descobrir realizados os fins que ele mesmo escolheu em sua liberdade para constituir seu mundo. Com isso, tende "a fazer da realidade um mero objeto de uso e domínio" (11, 106) para "extrair o máximo possível das coisas por imposição da mão humana, que tende a ignorar ou esquecer a realidade própria do que tem à sua frente" (106).

Assim, o ser humano se transformou num ser que em todas as dimensões planeja e manipula racionalmente a si mesmo e por isso pode, no sentido estrito, planejar seu futuro. Mas somente enquanto membro de um sistema social de eficiência que, absolutizado, pode desembocar numa coisificação e objetificação dele mesmo e da natureza, por não reconhecer o valor próprio dos outros seres (118). Muito grave neste contexto é o fato de que os produtos da técnica são jogados sem avaliação de seus resultados na corrente da vida social e cultural, onde expandem seu vigor não previsto e incontrolado além dos fins inicialmente projetados. Daí a impressão de impotência. As inovações tecnológicas produzidas conscientemente pelos seres humanos são experimentadas em sua totalidade como um poder independente do querer e do fazer humanos, algo como que um destino diante do qual o ser humano nada pode fazer. Contudo, percebe-se cada vez com maior clareza que esse crescimento econômico-industrial se contrapõe à natureza, a base material da vida humana. Há em nossa sociedade um conflito de fundo entre a lógica do desenvolvimento econômico e a lógica que governa a biosfera.

O ser humano radicalizou tal processo no século XX utilizando-se das ciências da vida, que ampliaram a intervenção humana no mundo vegetal e animal. A biologia foi sem dúvida a ciência que, no último século, fez mais progressos, o que se deve ao emprego em seu domínio da forma de pensar das ciências da natureza, física, química, cibernética.

É neste novo contexto que podemos compreender os problemas que emergem em nossos tempos, ainda mais agravados pela incerteza a respeito dos efeitos das novas tecnologias altamente eficientes, como, por exemplo, a microeletrônica e as biotecnologias que produzem mutações genéticas (132). Parecem ameaçar a identidade do mundo através das novas manipulações, sobretudo no campo dos organismos (vegetais e animais) através da descoberta do íntimo dos organismos, da identificação e manipulação dos genes, da técnica da transferência e recombinação do patrimônio genético. E, assim, faz surgir a possibilidade de se produzir em laboratório combinações e variações dos mais diversos seres com grande repercussão, principalmente na agricultura, na economia e na medicina, como também na vida dos trabalhadores (134). Tudo isso vinculado a negócios financeiros gigantescos, como o patenteamento de genes, a produção de órgãos para transplantes e o desenvolvimento de oligopólios. O ser humano pode, sem dúvida, dar a impressão de ser o sujeito de um agir coletivo em condições de submeter toda a natureza a seus fins. Nesse contexto social não se descarta a possibilidade de uma guerra bioquímica e bacteriológica.

Maiores impactos emergem quando tudo isso se transforma em automanipulação do ser humano, como a experiência com embriões, o controle do comportamento através de agentes químicos, que podem induzir o controle de processos psíquicos, a possibilidade de intervir nos processos químicos que determinam o envelhecimento orgânico, a manipulação tecnológica dos processos genéticos, tornando realidade o sonho da planificação e produção da vida humana em laboratório. Para o papa,

> é preocupante constatar que alguns movimentos ecológicos defendem a integridade do meio ambiente e, com razão, reclamam a imposição de determinados limites à pesquisa científica, mas não aplicam estes mesmos princípios à vida humana (136).

4. Consequências do paradigma tecnocrático

Há consequências econômicas, políticas, sociais e étnicas deste processo em perspectiva global e para as futuras gerações. O que significa dizer que estamos transferindo para elas problemas de proporções gigantescas. Neste contexto a luta pelo poder é hoje cada vez mais uma luta pelo acesso aos conhecimentos, sobretudo na área da biotecnologia, que muitas vezes conduz à eliminação do debate sobre questões centrais na vida humana e, em última instância, acabam sendo decididas por uma elite tecnocrática. Daí a afirmação forte de alguns analistas: hoje a dominação se perpetua e se estende não só *através da tecnologia*, mas *enquanto tecnologia*. Os que detêm a tecnologia mais adiantada detêm também o poder. Basta lembrar que gigantescas empresas que têm como matéria-prima a "vida" agitam mercados biotecnológicos emergentes. Por essas razões fica claro que "não se pode deixar de considerar os objetivos, os efeitos, o contexto e os limites éticos de tal atividade humana que é uma forma de poder com grandes riscos" (131).

A questão subjacente à crise de nossa civilização é a relação ser humano x natureza. Observa-se uma transformação cultural importante. Ao invés da euforia que saudou sem reservas o "progresso técnico" como a grande possibilidade de o ser humano construir seu mundo para si através do aumento gigantesco de seu poder, do âmbito de liberdade de suas escolhas e do espectro de suas possibilidades de ação, passa agora para o primeiro plano a consideração sobre os efeitos das intervenções tecnológicas sobre o mundo físico e sobre nossa situação de vida individual e coletiva (46). É um processo sem limites, desgastando todo o ecossistema e se fazendo incapaz de combinar condições econômicas e ambientais, de tal modo que, como diz o papa, "até as melhores iniciativas ecologistas podem acabar bloqueadas na mesma lógica globalizada" (111).

Neste novo contexto cultural tornou-se inseguro e de certo modo discrepante nosso atual juízo sobre a técnica moderna e a nova forma de civilização criada através dela e hoje planetarizada. Nela, o ser humano de contemplador se transformou em criador de mundos e, portanto, em planejador de sua própria existência pela mediação do processo de cientificação de toda a sua vida individual e social. Tomou-se consciência da enorme influência que o pensamento técnico-científico e a forma de ação técnico-econômica exercem sobre a vida social de todos e as relações entre os povos.

Tudo parece indicar que certa forma de mudança tecnológica é imprescindível para o enfrentamento dos problemas que temos, pois ela é portadora de competência para a efetivação dos mais diferentes fins. De certo modo, a técnica existe sempre em todos os espaços culturais porque, sendo o ser humano biologicamente limitado, ele compensa sua limitação através de sua inteligência. Isso implica o caráter técnico de seus relacionamentos com a natureza, através do que ele descobre seu poder sobre a natureza e sua capacidade de intervenção nela impondo-lhe seus próprios fins. Manifesta-se assim, com clareza, a superioridade do espírito sobre a natureza. É por essa razão que a rejeição pura e simples da civilização tecnológica em função de uma forma mais natural de vida e o projeto de uma relação inteiramente diferente com a natureza parecem a muitos constituir uma grande ilusão, uma utopia regressiva. Dessa forma, toda e qualquer tentativa dos movimentos e das organizações sociais para alterar tal estado de coisas "será vista como um distúrbio provocado por sonhadores românticos ou como um obstáculo a superar" (54).

Isso acontece justamente num momento em que, em virtude das possibilidades abertas pelo próprio processo de tecnificação, está ocorrendo uma aproximação entre povos e culturas diferentes. Pode-se dizer com razão que hoje todo e qualquer povo tem sua história em relação com os outros povos. Assim, a humanidade se tornou una através da planetarização da civilização técnico-científica. Também o espaço cultural da vida humana se ampliou enormemente. Uma grande quantidade de informações possibilita que o homem de nossos dias saiba do destino dos povos e das culturas mais distantes. Desse modo podemos dizer, com razão, que a civilização tecnológica tornou possível pela primeira vez na história da humanidade uma coexistência e convivência dos diferentes povos e culturas, ou seja, uma história mundial no sentido estrito da palavra. No entanto, lembra o papa, "a verdadeira sabedoria, fruto da reflexão, do diálogo e do encontro generoso entre as pessoas, não se adquire com uma mera acumulação de dados, que, numa espécie de poluição mental, acabam por saturar e confundir" (47).

Tem-se consciência, hoje, de que a ação humana, tecnicamente qualificada, pode danificar, de forma irreversível, a natureza e o próprio ser humano: o processo de intervenção, que se tornou possível, na ecosfera e na biosfera, e conduziu a um aumento crescente de bem-estar para uma parte da população mundial e a uma elevação do consumo, cuja oferta continua a aumentar sem limites (34). Isso, por sua vez, provocou tanto uma intensificação enorme do metabolismo com o meio ambiente natural, que é essencialmente limitado em seus recursos, quanto uma desproporção entre a capacidade de produzir e a de consumir. O próprio avanço tecnológico possibilitou um aumento exponencial da população mundial, agravando a necessidade da busca de recursos naturais.

Daí a tomada de consciência dos limites do crescimento econômico, do esgotamento dos recursos não renováveis e da energia fóssil, da destruição do meio ambiente natural, para não falar do esquecimento quase generalizado da dimensão estética da natureza. Assim, o próprio destino da humanidade se revela cada vez mais uma tarefa comum: cresce a consciência de que "o progresso da ciência e da técnica não equivale ao progresso da humanidade e da história, e [as pessoas] vislumbram que os caminhos fundamentais para um futuro feliz são outros" (113). Isso implica questionar o paradigma vigente e perguntar-nos "pelos fins e o sentido de tudo" (113). Daí ser urgente uma "corajosa revolução cultural" (114).

A título de conclusão

A crise ecológica pode significar um espaço aberto para nos conduzir à substituição do paradigma técnico-econômico vigente. Portanto, põe-se como tarefa uma mudança de perspectiva, libertando-nos do paradigma tecnocrático. E que nos faça capazes de "olhar a realidade de outra forma, recolher os avanços positivos e sustentáveis e ao mesmo tempo recuperar os valores e os grandes objetivos arrasados por um desenfreamento megalômano" (114). Isso significa "limitar a técnica, orientá-la e colocá-la ao serviço de outro tipo de progresso, mais saudável, mais humano, mais social, mais integral" (112).

Uma boa política agora será certamente aquela capaz de assegurar os fundamentos naturais de nosso mundo e não mais aquela que se reduza ao crescimento quantitativo da economia ou respectivamente à satisfação das necessidades absurdas. De qualquer modo, estamos diante de questões específicas novas e decisivas para o presente e o futuro da humanidade. Abertas, sobretudo, através da conjugação interdisciplinar tanto no nível das tecnologias como dos conhecimentos que possibilitaram uma nova compreensão da matéria e do funcionamento do universo com a emergência da ideia de que as mesmas leis regem o todo e de que todas as coisas são ligadas umas com as outras.

Segundo o papa, o problema que se põe aqui, para que se possa realmente efetivar uma alternativa, é que hoje o ser humano "carece de uma ética sólida, uma cultura e uma espiritualidade que lhe ponham realmente um limite e o contenham dentro de um lúcido domínio de si" (105). Necessitamos de uma ética que nos faça capazes de enfrentar a grande crise complexa que vivemos, a qual tem duas dimensões fundamentais inseparáveis: uma ambiental e outra social. As linhas de solução exigem, por isso, uma abordagem integral (137) "para combater a pobreza, devolver a dignidade aos excluídos e, simultaneamente, cuidar da natureza" (139).

Um desenvolvimento que não respeita e promove os direitos pessoais e sociais, econômicos e políticos, os direitos das nações e dos povos, não seria digno do ser humano (93). Numa palavra, o verdadeiro progresso possui caráter moral "e pressupõe o pleno respeito pela pessoa humana, mas deve prestar atenção também ao mundo natural e 'ter em conta a natureza de cada ser e as ligações mútuas entre todos, em um sistema ordenado'" (5).

11

A encíclica *Laudato Si'*: conclamação a construir outro paradigma de desenvolvimento

*Ivo Lesbaupin**

Introdução

A encíclica *Laudato Si'*, do Papa Francisco, é uma denúncia contra o modelo de desenvolvimento dominante que nos levou a um elevado grau de degradação ambiental, colocando em risco a sobrevivência da humanidade, e é, ao mesmo tempo, uma conclamação a uma mudança radical: se queremos salvar a Terra, salvar a humanidade, é necessário construir outro paradigma de desenvolvimento.

O urgente desafio de proteger a nossa casa comum inclui a preocupação de unir toda a família humana na busca de um desenvolvimento sustentável e integral, pois sabemos que as coisas podem mudar (13).

Lanço um convite urgente a renovar o diálogo sobre a maneira como estamos construindo o futuro do planeta. Precisamos de um debate que nos una a todos, porque o desafio ambiental que vivemos e as suas raízes humanas dizem respeito e têm impacto sobre

---

[*] Professor aposentado da Universidade Federal do Rio de Janeiro (UFRJ). Doutor em Sociologia pela Universidade de Toulouse-Le-Mirail, França. É coordenador da ONG Iser Assessoria, do Rio de Janeiro, e, atualmente, membro da direção colegiada da Abong (Associação Brasileira de ONGs).

todos nós. O movimento ecológico mundial já percorreu um longo e rico caminho, tendo gerado numerosas agregações de cidadãos que ajudaram na conscientização (14).

O Papa Francisco começa mostrando, a partir dos estudos científicos atuais, os diversos aspectos da grave deterioração ambiental. Ele diz:

> São alguns sinais, entre outros, que mostram como o crescimento nos últimos dois séculos não significou, em todos os seus aspectos, um verdadeiro progresso integral e uma melhoria da qualidade de vida. Alguns destes sinais são ao mesmo tempo sintomas de uma verdadeira degradação social, de uma silenciosa ruptura dos vínculos de integração e comunhão social (46).

Francisco observa que "isto é particularmente agravado pelo modelo de desenvolvimento baseado no uso intensivo de combustíveis fósseis, o qual está no centro do sistema energético mundial" (23). Os combustíveis fósseis (carvão, petróleo, gás) são os principais causadores dos gases de efeito estufa, isto é, do aquecimento global, que está produzindo as mudanças climáticas que nos atingem cada vez mais (cf. 165).

A situação poderá piorar se continuarmos com o modelo atual "de produção e consumo" (26). Que modelo é esse? Produzir sem cessar, fazer consumir cada vez mais, para alcançar lucros cada vez maiores. O sistema econômico dominante, para gerar lucro, precisa incessantemente produzir e vender. É por isso que nossa sociedade é uma sociedade de consumo, porque as pessoas precisam consumir sempre mais: esta é a lógica deste sistema. E a propaganda é absolutamente fundamental, para tornar as pessoas consumidoras, para convencer as pessoas de que precisam comprar e, depois de comprar, comprar novamente. Os produtos não são feitos para ter durabilidade, mas sim para se tornar rapidamente obsoletos, de modo que as pessoas tenham necessidade de comprar um novo. Mais produtos, mais embalagens, tudo isso consome intensamente as matérias-primas, além de aumentar a quantidade de lixo que é descartado num volume maior que a capacidade do meio de absorvê-lo.

Sendo a Terra finita, um modelo de produção incessante chegará em algum momento ao esgotamento dos bens naturais não renováveis. E a utilização desmedida dos bens renováveis impede que eles se regenerem a tempo, como está ocorrendo em muitos lugares com a água doce. Inúmeros rios em diferentes regiões do mundo estão secando ou já não correm o ano inteiro, e o número dos que secam cresce a cada ano. Por outro lado, as condições de pluviosidade vão se deteriorando em função do desmatamento e da degradação dos rios.

Mas é possível mudar! Apesar da gravidade da situação em que nos encontramos, "a esperança convida-nos a reconhecer que sempre há uma saída, sempre podemos mudar de rumo, sempre podemos fazer alguma coisa para resolver os problemas" (61).

1. Converter o modelo de desenvolvimento global

Para que apareçam novos modelos de progresso, precisamos "converter o modelo de desenvolvimento global", e isto implica refletir responsavelmente "sobre o sentido da economia e dos seus objetivos, para corrigir as suas disfunções e deturpações" (194).
Trata-se simplesmente de redefinir o progresso. Um desenvolvimento tecnológico e econômico, que não deixa um mundo melhor

e uma qualidade de vida integralmente superior, não se pode considerar progresso (194).

Uma estratégia de mudança real exige repensar a totalidade dos processos, pois não basta incluir considerações ecológicas superficiais, enquanto não se puser em discussão a lógica subjacente à cultura atual. Uma política sã deveria ser capaz de assumir este desafio (197).

A proposta do Papa Francisco é uma mudança radical de rumo: não bastam mudanças parciais ou superficiais, é necessária uma mudança global na concepção de desenvolvimento. A concepção produtivista-consumista é insustentável e nos levará mais cedo ou mais tarde ao desastre. Enquanto continuarmos pensando a economia como um sistema cujo objetivo é a "maximização dos lucros", será impossível interromper o processo de degradação das condições naturais. Esta é a lógica subjacente à cultura atual. As pessoas não são consumistas por natureza, elas se tornam consumistas em virtude de um processo social de convencimento – a propaganda, a publicidade: Francisco fala do "modelo consumista, transmitido pelos meios de comunicação social e através dos mecanismos eficazes do mercado" (215).

Ele insiste na necessidade de redefinir, reconceituar, dar outro sentido à economia. A economia deve ser pensada como gestão da casa comum em que vivemos.

A política não deve submeter-se à economia, e esta não deve submeter-se aos ditames e ao paradigma eficientista da tecnocracia. Pensando no bem comum, hoje precisamos imperiosamente que a política e a economia, em diálogo, se coloquem decididamente ao serviço da vida, especialmente da vida humana (189).

Colocar "a economia a serviço da vida": este é um tema caro ao Papa Francisco. Foi um tema central também em seu discurso aos movimentos populares em Santa Cruz de la Sierra, na Bolívia, em julho de 2015: "A primeira tarefa é colocar a economia a serviço dos povos".

Pensar a economia a serviço dos seres humanos, respeitando a natureza, é algo que vem sendo refletido e proposto por vários movimentos, organizações da sociedade civil e vários autores nas últimas décadas. O que Francisco propõe é possível e perfeitamente viável. O modelo de desenvolvimento vigente é que é inviável e levará a humanidade ao desastre. Segundo esses autores, é preciso fazer a transição da matriz energética atual, baseada em combustíveis fósseis, para uma alternativa baseada nas energias renováveis (solar, eólica, geotérmica, oceânica etc.). É preciso pensar a cidade para o ser humano e não para os automóveis, deve-se priorizar o transporte público em lugar do transporte individual.

Essa mudança de paradigma é diretamente abordada pela encíclica, que em vários lugares cita exemplos concretos do que já se está fazendo e do que é possível realizar para mudar.

> Podemos mencionar também uma boa gestão dos transportes ou técnicas de construção e reestruturação de edifícios que reduzam o seu consumo energético e o seu nível de poluição (180).
> Para enfrentar os problemas de fundo, que não se podem resolver com ações de países isolados, torna-se indispensável um consenso mundial que leve, por exemplo, a programar uma agricultura sustentável e diversificada, desenvolver formas de energia renováveis e pouco poluidoras, fomentar uma maior eficiência energética, promover uma gestão mais adequada dos recursos florestais e marinhos, garantir a todos o acesso à água potável (164).

Em alguns lugares, estão a desenvolver-se cooperativas para a exploração de energias renováveis, que consentem o autoabastecimento local e até mesmo a venda da produção em excesso. Este exemplo simples indica que, enquanto a ordem mundial existente se revela impotente para assumir responsabilidades, a instância local pode fazer a diferença (179).
É tanto o que se pode fazer! (180).

2. A Terra é um bem coletivo

A salvação da natureza não se dará pela sua financeirização, pela sua inserção no "mercado", mas por considerá-la como um *bem comum*. O princípio basilar sobre o qual se deve construir essa nova concepção de desenvolvimento é: "O meio ambiente é um bem coletivo, patrimônio de toda a humanidade e responsabilidade de todos" (95). Francisco aplica tal princípio, por exemplo, à água, opondo-se explicitamente a qualquer tentativa de privatização deste bem natural: "[...] o acesso à água potável e segura é um direito humano essencial, fundamental e universal, [...]" (30).

Ele critica a solução através do mercado, porque "o mercado, por si mesmo, não garante o desenvolvimento humano integral nem a inclusão social" (109). "O ambiente é um dos bens que os mecanismos de mercado não estão aptos a defender ou a promover adequadamente" (190). Na verdade, "as forças invisíveis do mercado" (123) não regulam a economia; elas atendem aos interesses das grandes corporações, preocupadas apenas em maximizar seus lucros. "A terra, nossa casa, parece transformar-se cada vez mais num imenso depósito de lixo" (21).

Não se pode solucionar a crise ecológica atual com medidas isoladas, porque as coisas, "na realidade, estão todas interligadas" (111).

Não há duas crises separadas: uma ambiental e outra social; mas uma única e complexa crise socioambiental. As diretrizes para a solução [da crise socioambiental] requerem uma abordagem integral para combater a pobreza, devolver a dignidade aos excluídos e, simultaneamente, cuidar da natureza (139). A interdependência obriga-nos a pensar *em um único mundo, em um projeto comum* (164).

Precisamos de uma política que pense com visão ampla e leve em frente uma reformulação integral, abrangendo em um diálogo interdisciplinar os vários aspectos da crise (197).

O Papa Francisco critica a concepção de desenvolvimento como mero "crescimento econômico" (produção incessante de bens).

Além disso, o crescimento econômico tende a gerar automatismos e a homogeneizar, a fim de simplificar os processos e reduzir os custos. Por isso, é necessária uma ecologia econômica, capaz de induzir a considerar a realidade de forma mais ampla. Com efeito, "a proteção do meio ambiente deverá constituir parte integrante do processo de desenvolvimento e não poderá ser considerada isoladamente" (141).

A concepção de desenvolvimento como "crescimento econômico" faz parte do "paradigma tecnocrático dominante", em que "a economia assume todo o desenvolvimento tecnológico em função do lucro, sem prestar atenção a eventuais consequências negativas para o ser humano" (109). E não basta acrescentar o adjetivo "sustentável" ao crescimento:

> Então, muitas vezes, o discurso do crescimento sustentável torna-se um meio de distração e de justificação que absorve valores do discurso ecologista, dentro da lógica da finança e da tecnocracia, e a responsabilidade social e ambiental das empresas reduz-se, na maior parte dos casos, uma série de ações de publicidade e imagem (194).

3. A necessidade de defender o trabalho

Nesse novo paradigma de desenvolvimento o trabalho ocupa um lugar central:

Em qualquer abordagem de ecologia integral que não exclua o ser humano, é indispensável incluir o valor do trabalho, tão sabiamente desenvolvido por São João Paulo II na sua encíclica *Laborem Excercens* (124).

Por isso, a realidade social do mundo atual exige que, acima dos limitados interesses das empresas e de uma discutível racionalidade econômica, "se continue a perseguir como prioritário o objetivo do acesso ao trabalho para todos" (127).

Existem atualmente esforços bem-sucedidos de criação de condições de trabalho para todos, como aqueles na agricultura que privilegiam a produção de alimentos saudáveis (sem agrotóxicos).

Para se conseguir continuar a dar emprego, é indispensável promover uma economia que favoreça a diversificação produtiva e a criatividade empresarial. Por exemplo, há uma grande variedade de sistemas alimentares rurais de pequena escala que continuam a alimentar a maior parte da população mundial, utilizando uma porção reduzida de terreno e de água e produzindo menos resíduos, quer em pequenas parcelas agrícolas e hortas, quer na caça e recolha de produtos silvestres, quer na pesca artesanal (129).

4. Em defesa dos povos indígenas

Num parágrafo muito significativo, o Papa Francisco exalta as concepções dos povos indígenas sobre sua relação com a natureza e denuncia as tentativas de expropriação de suas terras para realização de projetos de exploração em vista do lucro, como tem ocorrido em inúmeras partes do mundo e, aqui, especialmente na Amazônia.

Neste sentido, é indispensável prestar uma atenção especial às comunidades aborígenes com as suas tradições culturais. Não são apenas uma minoria entre outras, mas devem tornar-se os principais interlocutores, especialmente quando se avança com grandes projetos que afetam os seus espaços. Com efeito, para eles, a terra não é um bem econômico, mas dom gratuito de Deus e dos antepassados que nela descansam, um espaço sagrado com o qual precisam interagir para manter a sua identidade e os seus valores. Eles, quando permanecem nos seus territórios, são quem melhor os cuida. Em várias partes do mundo, porém, são objeto de pressões para que abandonem suas terras e as deixem livres para projetos extrativos e agropecuários que não prestam atenção à degradação da natureza e da cultura (146).

Observe-se a afirmação de que os povos indígenas devem tornar-se os principais interlocutores. O papa utiliza esse princípio em outros contextos, quando diz que os moradores devem ser os primeiros consultados sobre processos urbanísticos em sua região de moradia.

No debate, devem ter um lugar privilegiado os moradores locais, aqueles mesmos que se interrogam sobre o que desejam para si e para os seus filhos e podem ter em consideração as finalidades que transcendem o interesse econômico imediato. É preciso abandonar a ideia de "intervenções" sobre o meio ambiente, para dar lugar a políticas pensadas e debatidas por todas as partes interessadas (183).

5. O papel dos movimentos sociais e das organizações da sociedade civil

O papa denuncia que as conferências internacionais sobre o meio ambiente pouco têm avançado. Os governos parecem pouco interessados em mudar o curso dos acontecimentos. Em contraposição a isso, Francisco refere-se ao longo e rico caminho percorrido pelo movimento ecológico mundial (14, 166). Diante da inação dos governos e das cúpulas mundiais, torna-se fundamental o papel dos cidadãos:

> Dado que o direito por vezes se mostra insuficiente devido à corrupção, requer-se uma decisão política sob pressão da população. A sociedade, através de organismos não governamentais e associações intermédias, deve forçar os governos a desenvolver normativas, procedimentos e controles mais rigorosos. Se os cidadãos não controlam o poder político – nacional, regional e municipal –, também não é possível combater os danos ambientais. Além disso, as legislações municipais podem ser mais eficazes, se houver acordos entre populações vizinhas, para sustentarem as mesmas políticas ambientais (179).

> Por isso, sem a pressão da população e das instituições, haverá sempre relutância a intervir, e mais ainda quando houver urgências a resolver (181).

Concluindo: eco da Carta da Terra

Com Francisco, nós nos unimos na tarefa de construir outro paradigma de desenvolvimento, conforme propõe a Carta da Terra. Nesse sentido, conclama o papa:

> A Carta da Terra convidava-nos, a todos, a começar de novo, deixando para trás uma etapa de autodestruição, mas ainda não

desenvolvemos uma consciência universal que torne isso possível. Por isso, atrevo-me a propor de novo aquele considerável desafio: "Como nunca antes na história, o destino comum obriga-nos a procurar um novo início [...]. Que o nosso seja um tempo que se recorde pelo despertar de uma nova reverência perante a vida, pela firme resolução de alcançar a sustentabilidade, pela intensificação da luta em prol da justiça e da paz e pela jubilosa celebração da vida" (207).

12

A espiritualidade proposta pela encíclica *Louvado Sejas*

*Frei Betto**

Introdução

A encíclica socioambiental do Papa Francisco é um documento que, além de sua profunda conotação ecológica, traz um enfoque novo para a espiritualidade cristã. A começar do subtítulo: "Sobre o cuidado da casa comum". Há toda uma teologia sobre o cuidado. Leonardo Boff dedicou ao tema várias obras.[1] Cuidar de si mesmo, do próximo e da obra de Deus é a primeira exigência bíblica. A criação foi entregue aos nossos cuidados. Os evangelhos retratam Jesus como o homem que cuida dos enfermos, dos excluídos e dos pobres, e elogia quem também o faz, como o bom samaritano e o centurião romano empenhado em cuidar de seu servo enfermo. A "casa comum" é o Universo do qual somos frutos e, em especial, a Terra, morada dos humanos e de inúmeras formas de vida. Nosso planeta tornou-se sacrário pela encarnação de Deus em Jesus de Nazaré.

---

[*] Frade dominicano, estudou jornalismo, antropologia, filosofia e teologia. É assessor de movimentos pastorais e sociais. Escreve para vários veículos de comunicação. Autor de sessenta livros, dentre os quais *Um Deus muito humano; um novo olhar sobre Jesus* (Rio de Janeiro: Fontanar, 2015).

[1] Cf. *Saber cuidar*. Ética do humano: compaixão pela Terra (Petrópolis: Vozes, 1999) e *O cuidado necessário* (Petrópolis: Vozes, 2012).

1. Uma ecologia holística

A encíclica homenageia São Francisco de Assis, evocando sua *fraternura* para com toda a criação, do mais simples inseto às esplendorosas estrelas. Ao dedicar o documento ao santo do qual tomou o nome, o papa ressalta que ele vivia numa "maravilhosa harmonia com Deus, com os outros, com a natureza e consigo mesmo" (10).

A espiritualidade holística do jovem de Assis abarcava todos os seres, identificando neles, como imagem projetada no espelho, a face do Criador. O papa ressalta que a Terra é a nossa mãe (*Pachamama*) e nossa irmã, pois tudo que há nela, inclusive nós, homens e mulheres, resulta de 13,7 bilhões de anos de evolução do Universo.[1]

"Esta irmã clama contra o mal que lhe provocamos" (2), diz o documento pontifício. A Terra está doente, contaminada pelo uso irresponsável de agrotóxicos; pela poluição do solo, do mar e do ar; pelo desmatamento criminoso; pela exploração predatória de seus recursos. Por si mesmo já não é capaz de se recuperar. Sua única salvação é a urgente intervenção humana.[2]

"Por isso, entre os pobres mais abandonados e maltratados, conta-se a nossa terra oprimida e devastada, que está 'gemendo como que em dores de parto' (Rm 8,22)", clama o papa, ecoando a expressão paulina (2).

Curioso Francisco encarar a Terra como um ser "oprimido e devastado". A vida espiritual modifica o nosso modo de olhar

---

[1] FREI BETTO. *A obra do artista*; uma visão holística do universo. Rio de Janeiro: José Olympio, 2011.
[2] Cf. LOVELOCK, James. *A vingança de Gaia*. Rio de Janeiro: Intrínseca, 2006.

as pessoas e a criação. O capitalista ambicioso mira o planeta como fonte de recursos capazes de multiplicar a sua riqueza. O papa, nos passos de Francisco de Assis, o vê como merecedor de amor, veneração e cuidado. "[...] um crime contra a natureza é um crime contra nós mesmos e um pecado contra Deus" (8).

Teilhard de Chardin, citado como referência na encíclica (83), foi quem ressaltou, na linha da teologia paulina, a dimensão holística (*pleroma*) do Corpo de Cristo.[3] Este é formado não apenas por quem segue os preceitos evangélicos, mas também pelo conjunto da criação. O papa enfatiza: "O nosso corpo é constituído pelos elementos do planeta; o seu ar permite-nos respirar, e a sua água vivifica-nos e restaura-nos" (2). A dimensão holística consiste exatamente em "ter em conta a natureza de cada ser e as ligações mútuas entre todos, em um sistema ordenado" (5). Francisco repete a mesma ideia com outras palavras: "[...] o divino e o humano se encontram no menor detalhe da túnica inconsútil da criação de Deus, mesmo no último grão de poeira do nosso planeta" (9).

2. Uma espiritualidade socialmente abrangente

Viver é uma experiência eucarística. De comunhão permanente. Não podemos "considerar a natureza como algo separado de nós ou uma mera moldura de nossa vida" (139). O oxigênio que aspiramos e que nos mantém vivos nos é fornecido pelas plantas e plânctons. A cada vez que expiramos, alimentamos as plantas e os plânctons com gás carbônico. Ao sentarmos à mesa

---

[3] FREI BETTO. *Sinfonia universal;* a cosmovisão de Teilhard de Chardin. Petrópolis: Vozes, 2011.

para comer, nos servimos de vegetais, cereais, animais (frango, peixe ou carne de boi) que morreram para nos dar vida...

"Toda a pretensão de cuidar e melhorar o mundo requer mudanças profundas 'nos estilos de vida, nos modelos de produção e de consumo, nas estruturas consolidadas de poder, que hoje regem as sociedades'" (5). Isso porque "não podemos deixar de considerar os efeitos da degradação ambiental, do modelo atual de desenvolvimento e da cultura do descarte sobre a vida das pessoas" (43).

Eis a dimensão política da espiritualidade. Não se trata de cuidar apenas de nossa vida interior. O Evangelho nos exige mais: "cuidar e melhorar o mundo" (5). Isso requer mudanças, não apenas em nosso estilo de vida, muitas vezes baseado no consumo de produtos por cuja origem e qualidade não indagamos, mas também mudar "modelos de produção e de consumo" consolidados em "estruturas de poder" (5).

Francisco nos alerta: não basta constatar as consequências das estruturas da sociedade em que vivemos, como a desigualdade social e a degradação ambiental. É preciso conhecer as causas. Pois "a deterioração do meio ambiente e da sociedade afetam de modo especial os mais frágeis do planeta. [...] os efeitos mais graves de todas as agressões ambientais recaem sobre as pessoas mais pobres" (48). Aqui a dimensão holística adquire um caráter social: "[...] tudo está inter-relacionado e o cuidado autêntico da nossa própria vida e das nossas relações com a natureza é inseparável da fraternidade, da justiça e da fidelidade aos outros" (70).

A encíclica é um documento socioambiental. Nela estão interligadas o cuidado com a casa comum e a defesa dos direitos humanos: "[...] deveriam indignar-nos, sobretudo, as enormes desigualdades que existem entre nós, porque continuamos a tolerar que alguns se considerem mais dignos do que outros" (90). "[...] toda a abordagem ecológica deve integrar uma perspectiva social que tenha em conta os direitos fundamentais dos mais desfavorecidos" (93).

3. A natureza como fonte de revelação divina

Nenhuma encíclica é tão poética como a *Louvado Sejas*. Expressões como esta soam como um salmo pós-moderno: "Todo o universo material é uma linguagem de amor de Deus, do seu carinho sem medida por nós. O solo, a água, as montanhas: tudo é caricia de Deus" (84).

Aprendemos no catecismo que as fontes da revelação divina são a Palavra de Deus (a Bíblia), o magistério eclesiástico e a tradição da Igreja. Agora o Papa Francisco acrescenta uma quarta: a natureza. "Ao lado da revelação propriamente dita, contida nas Sagradas Escrituras, há uma manifestação divina no despertar do sol e no cair da noite" (85).

E uma das mais expressivas manifestações dessa convicção é o cântico "Louvado Sejas", de São Francisco de Assis, que dá nome à encíclica. Nele se refletem os salmos que glorificam a natureza como reflexo da face divina.[4] Nesse sentido, vale afirmar que o papa nos oferece um documento panenteísta, de quem vê em toda a criação a presença de Deus. Ao contrário dos panteístas, que consideram que tudo é Deus.

---

[4] Cf. Sl 19, 103, 104, 146 e 148, entre outros.

4. Por uma espiritualidade ecológica

A encíclica culmina no capítulo "Educação e espiritualidade ecológicas", que nos exige "apontar para outro estilo de vida". Isso significa fazer uma verdadeira reflexão penitencial: a educação em nossos colégios católicos incute o cuidado com o planeta, unido à defesa dos direitos dos mais pobres? É uma educação crítica ao consumismo? Uma educação que ensina a evitar o supérfluo?

> Dado que o mercado tende a criar um mecanismo consumista compulsivo para vender os seus produtos, as pessoas acabam por ser arrastadas pelo turbilhão de compras e gastos supérfluos. O consumismo obsessivo é o reflexo subjetivo do paradigma tecnoeconômico (203).

O Papa Francisco nos propõe uma nova postura diante da vida e do mundo, de despojamento e simplicidade – "quanto menos, tanto mais" (222). Ele nos propõe adotar pequenos cuidados, como economizar água, apagar a luz, orar antes e depois das refeições etc.

> O exemplo de Santa Teresa de Lisieux convida-nos a pôr em prática o pequeno caminho do amor, a não perder a oportunidade de uma palavra gentil, de um sorriso, de qualquer pequeno gesto que semeie paz e amizade. Uma ecologia integral é feita também de simples gestos cotidianos, pelos quais quebramos a lógica da violência, da exploração, do egoísmo (230).

5. Bases de uma espiritualidade ecológica

O que seria uma espiritualidade ecológica? Suas linhas centrais estão bem definidas na encíclica:

- Uma espiritualidade integral: crítica ao ascetismo exacerbado, platônico (que contrapõe o espírito ao corpo), distante do Evangelho:

   Temos de reconhecer que nós, cristãos, nem sempre recolhemos e fizemos frutificar as riquezas dadas por Deus à Igreja, nas quais a espiritualidade não está desligada do próprio corpo nem da natureza ou das realidades deste mundo, mas vive com elas e nelas, em comunhão com tudo o que nos rodeia (216).

   "A crise ecológica é um apelo a uma profunda conversão interior" (217), sublinha o papa. E prossegue: "Viver a vocação de guardiões da obra de Deus não é algo de opcional nem um aspecto secundário da experiência cristã, mas parte essencial de uma existência virtuosa" (217), como foi o exemplo de São Francisco de Assis.[5]

- Uma espiritualidade de reconciliação com a criação:

   Para realizar essa reconciliação, devemos examinar as nossas vidas e reconhecer de que modo ofendemos a criação de Deus com as nossas ações e com a nossa incapacidade de agir. Devemos fazer a experiência de uma conversão, de uma mudança do coração (218).

   Cada um de nós é responsável pelo cuidado com a casa comum. O que pode parecer um simples gesto irresponsável, como jogar um papel na rua, pode ter consequências sérias, entupindo bueiros e propiciando enchentes em épocas de chuva. Separar seletivamente o lixo, cultivar hortas orgânicas,

---

[5] Cf. TEIXEIRA, Faustino. *Laudato Si'*: uma espiritualidade ecológica. Boletim *Rede de Cristãos*, ano XXIII, n. 270, jun. 2015, p. 2. Id. *IHU-On-line* 462, ano XV.

reutilizar a água do banho ou captar água da chuva são maneiras de reverenciar a natureza e declarar amor ao próximo.

- Uma espiritualidade crítica ao consumismo:

  A espiritualidade cristã propõe uma forma alternativa de entender a qualidade de vida, encorajando um estilo de vida profético e contemplativo, capaz de gerar profunda alegria sem estar obcecado pelo consumo (222).

  A sociedade capitalista neoliberal na qual vivemos estimula, para alavancar o lucro, o consumo desenfreado. Os produtos, com durabilidade efêmera, são periodicamente reciclados; a moda induz à compra do supérfluo; a publicidade intensiva nos torna vulneráveis a adquirir o que não necessitamos realmente. Libertar-se do consumismo é uma exigência dessa espiritualidade que os Franciscos (o santo e o papa) nos propõem. E devemos incentivar as crianças e jovens a, periodicamente, esvaziarem suas gavetas e armários para dar o que lhes sobra a quem de fato necessita.

- Uma espiritualidade capaz de cuidar da natureza e do bem comum:

  A paz interior das pessoas tem muito a ver com o cuidado da ecologia e com o bem comum, porque, autenticamente vivida, reflete-se num equilibrado estilo de vida aliado com a capacidade de admiração que leva à profundidade de vida (225).

  Jesus viveu em uma sociedade conflitiva e ele mesmo esteve todo o tempo envolvido em conflitos: o infanticídio promovido pelo rei Herodes; a fuga para o Egito; o assassinato de seu primo João Batista; as discussões com fariseus e saduceus; sua prisão, tortura, julgamento e morte na cruz. No entanto, desfrutava de paz interior. Paz que decorre na confiança em Deus, do serviço desinteressado ao próximo, da capacidade de manter os olhos bem abertos para contemplar "os lírios do campo".

- Uma espiritualidade contemplativa:

   Uma ecologia integral exige que se dedique algum tempo para recuperar a harmonia serena com a criação, refletir sobre o nosso estilo de vida e os nossos ideais, contemplar o Criador, que vive entre nós e naquilo que nos rodeia e cuja presença "não precisa ser criada, mas descoberta, desvendada" (225).

   Vivemos em uma sociedade acelerada. Ansiosas por se conectarem com redes de amigos, as pessoas ficam sempre atentas ao telefone, incapazes de se desligarem do afluxo de contatos e notícias. Isso corrói a vida interior, dificulta a oração e a concentração, esgarça a subjetividade. É preciso saber ser dono do próprio tempo. Não confundir urgência com importância. Estabelecer prioridades, buscar o silêncio e a comunhão com a natureza, deixar que Deus "ore" em nós.

- Uma espiritualidade de profundo senso comunitário:

   É necessário voltar a sentir que precisamos uns dos outros, que temos uma responsabilidade para com os outros e o mundo, que vale a pena sermos bons e honestos (229).

Quantas vezes nos queixamos da comunidade na qual estamos inseridos – família, vida religiosa, paróquia, instituição – sem nos perguntarmos "o que devemos fazer para melhorar a convivência?". Agimos confortável e egoisticamente pela omissão, e não pela atuação transformadora e integradora. Toda comunidade é um corpo, do qual, como acentua São Paulo (1Cor 12), cada um que ali se encontra é membro ativo e importante.

- Uma espiritualidade cidadã e política:

O amor, repleto de pequenos gestos de cuidado mútuo, é também civil e político, manifestando-se em todas as ações que procuram construir um mundo melhor. O amor à sociedade e o compromisso pelo bem comum são uma forma eminente de caridade, que toca não só as relações entre os indivíduos, mas também as macrorrelações como relacionamentos sociais, econômicos, políticos. Por isso, a Igreja propôs ao mundo o ideal de uma "civilização do amor" (231.)

O cristão não pode aceitar uma sociedade que põe a competitividade acima da solidariedade; a apropriação privada das riquezas acima dos direitos humanos; a degradação da natureza acima do equilíbrio da comunidade de vida. A espiritualidade não é um exercício intimista de confortável relação com Deus. A exemplo de Jesus, ela tem efeitos sociais, políticos e econômicos. Pois não se trata de abraçar uma salvação individual, indiferente a quem tem fome, sede, está nu ou enfermo (Mt 25). A proposta de Jesus é assumirmos o compromisso com o seu Reino – "venha a nós o vosso Reino". E não o contrário. Portanto, empenhar-se para construir a "civilização do amor", na qual toda forma de egoísmo, sobretudo estrutural, seja erradicado, como os fatores que favorecem a desigualdade social.

- Uma espiritualidade eucarística:

    A criação encontra a sua maior elevação na Eucaristia. A graça, que tende a manifestar-se de modo sensível, atinge uma expressão maravilhosa, quando o próprio Deus, feito homem, chega ao ponto de fazer-se comer pela sua criatura. No apogeu do mistério da Encarnação, o Senhor quer chegar ao nosso íntimo através de um pedaço de matéria (236).

    "Fazei isto em minha memória": o sacerdote repete, na missa, as palavras de Jesus. Fazer o quê? A consagração do pão e do vinho? Ora, Jesus nos pediu muito mais: fazer o que ele fez – a vontade de Deus no amor ao próximo e à natureza. Portanto, só deveria sentir-se no direito de se aproximar da mesa eucarística quem faz o que fez Jesus – dar o seu corpo e o seu sangue para que outros tenham "vida, e vida em abundância" (Jo 10,10).

- Uma espiritualidade trinitária:

    As Pessoas divinas são relações subsistentes; e o mundo, criado segundo o modelo divino, é uma trama de relações. As criaturas tendem para Deus; e é próprio de cada ser vivo tender, por sua vez, para outra realidade, de modo que, no seio do universo, podemos encontrar uma série inumerável de relações constantes que secretamente se entrelaçam (240).

    Cremos em um Deus comunitário – Pai, Filho e Espírito Santo. Toda vez que perdemos a dimensão trinitária da espiritualidade cristã, corremos o risco de cair no fundamentalismo. Quem prioriza o Pai tende a uma espiritualidade autoritária, conservadora. Quem realça apenas o Filho, tende à militância vazia de oração. Quem abraça preponderantemente o Espírito Santo, pode se transformar em um carismático verticalista, cego às exigências de justiça da fé cristã.

- Uma espiritualidade mariana:

Maria, a mãe que cuidou de Jesus, agora cuida com carinho e preocupação deste mundo ferido. Assim como chorou com o coração trespassado a morte de Jesus, também agora se compadece do sofrimento dos pobres crucificados e das criaturas deste mundo exterminadas pelo poder humano (241).

A espiritualidade mariana deve estar apoiada em dois pilares: no *Magnificat* (Lc 1,46-55), no qual Maria entoa seu compromisso com uma espiritualidade libertadora, que "derruba os poderosos de seus tronos e promove os humildes, enche de bens os famintos e despede os ricos de mãos vazias", e no apoio incondicional que ela deu à missão arriscada de seu filho Jesus.

13

Louvor, responsabilidade e cuidado. Premissas para uma espiritualidade ecológica

*Maria Clara L. Bingemer**

A encíclica *Laudato Si'*, do Papa Francisco, está na ordem do dia. O texto claro, bem fundamentado e cheio de importantes informações, fascina até mesmo os especialistas da causa ecológica, que discutem e propagam o pensamento pontifício com respeito e interesse.

A encíclica tem ousadas pretensões, bem fundamentadas. E uma delas é provocar não apenas uma conversão ecológica, mas ir mais longe: lançar os fundamentos de uma espiritualidade ecológica. Assim se pode interpretar o parágrafo 63:

> Se tivermos presente a complexidade da crise ecológica e as suas múltiplas causas, deveremos reconhecer que as soluções não podem vir de uma única maneira de interpretar e transformar a realidade. É necessário recorrer também às diversas riquezas culturais dos povos, à arte e à poesia, à vida interior e à espiritualidade. Se quisermos, de verdade, construir uma ecologia que nos permita reparar tudo o que temos destruído, então nenhum ramo

---

[*] Bacharel em Comunicação Social. Doutora em Teologia pela Universidade Gregoriana (Roma). Professora de Teologia na PUC-Rio. Autora de várias obras de teologia, mística e literatura. Lidera o grupo de Pesquisa "Religião, Mística e Modernidade".

das ciências e nenhuma forma de sabedoria pode ser transcurada, nem sequer a sabedoria religiosa com a sua linguagem própria.

Francisco demonstra que o Cristianismo oferece as bases para uma verdadeira espiritualidade ecológica. Assim como propõe, para entender a crise ecológica e combatê-la, é necessário recorrer não somente às ciências, mas às culturas dos povos originários, *à arte e à poesia, à vida interior e à espiritualidade*. Toda a encíclica, ao mesmo tempo que fornece elementos para aprofundadas reflexões em diversas áreas do saber, aponta em última instância para a construção dessa espiritualidade. Esta é, mesmo, objeto do Capítulo VI, que fecha o documento. Queremos mostrar que todo o texto aponta para esta linha.

1. Primeiro que tudo: louvar a Deus

É com uma exclamação de louvor de outro Francisco, o de Assis, que começa a nova encíclica do papa, que trata de ecologia e do cuidado da casa comum, que é o planeta Terra. *Laudato Si'*, Louvado Seja! E quem Francisco – o de Assis – quer louvar com tanta devoção e entusiasmo é Deus, o Criador de todas as coisas, que nos deu a terra como habitação, morada, casa, para desfrutar e cuidar. Sem deixar de trazer uma reflexão profunda e que não teme tocar em feridas e pontos dolorosos, Francisco – o de Roma – toma como inspiração primeira o grito de júbilo de seu xará, o *Poverello* de Assis, para louvar o Senhor que é capaz de criar tanta beleza. Essa nossa casa comum, dom maior do Criador, pode se comparar "ora a uma irmã, com quem partilhamos a existência, ora a uma boa mãe, que nos acolhe nos seus braços" (1).

Para essa prioridade do cuidado da casa comum os dois Franciscos estão em perfeita sintonia. O de Roma não cessa de citar o de Assis, colocando-o como exemplo de uma atitude contemplativa e de louvor diante da criação:

O seu testemunho mostra-nos que uma ecologia integral requer abertura para categorias que transcendem a linguagem das ciências exatas ou da biologia e nos põem em contato com a essência do ser humano. Tal como acontece a uma pessoa quando se enamora por outra, a reação de Francisco, sempre que olhava o sol, a lua ou os minúsculos animais, era cantar, envolvendo no seu louvor todas as outras criaturas. Entrava em comunicação com toda a criação, chegando mesmo a pregar às flores "convidando-as a louvar o Senhor, como se gozassem do dom da razão". [...] Se nos aproximarmos da natureza e do meio ambiente sem esta abertura para a admiração e o encanto, se deixarmos de falar a língua da fraternidade e da beleza na nossa relação com o mundo, então as nossas atitudes serão as do dominador, do consumidor ou de um mero explorador dos recursos naturais, incapaz de pôr um limite aos seus interesses imediatos. Pelo contrário, se nos sentirmos intimamente unidos a tudo o que existe, então brotarão de modo espontâneo a sobriedade e a solicitude. A pobreza e a austeridade de São Francisco não eram simplesmente um ascetismo exterior, mas algo de mais radical: uma renúncia a fazer da realidade um mero objeto de uso e domínio (11).

O louvor é a premissa para desenvolver o convite a uma ecologia integral, como foi a vivida por Francisco de Assis. Todas as coisas criadas, todas as criaturas devem ser tratadas e chamadas de irmãos e irmãs, e provocar em nós atitudes de desvelo e reverência, afeto e carinho. Por isso a primeira atitude que brota incontida do coração humano ao contemplar a criação só pode ser a do louvor jubiloso: "Louvado sejas, meu Senhor, por todas as tuas criaturas!'". Porém este louvor tem que ser acompanhado por atitude de responsabilidade para com toda essa maravilha que sai das mãos do Criador.

2. Responsabilidade: o apelo maior da fé

A encíclica destaca a luz que a fé cristã lança sobre a relação entre o ser humano e a terra e, com ela, os outros seres vivos. Não é nem pode ser uma relação predatória, mas sim de responsabilidade. O Papa Francisco ancora sua reflexão sobre a ecologia na Escritura. Diz, então, que, "na Bíblia, o Deus que liberta e salva é o mesmo que criou o universo. [...] nele se conjugam o carinho e a força" (73). A narrativa da criação é central para refletir sobre a relação entre o ser humano e as outras criaturas e sobre como o pecado rompe o equilíbrio de toda a criação no seu conjunto:

> Estas narrações sugerem que a existência humana se baseia sobre três relações fundamentais intimamente ligadas: as relações com Deus, com o próximo e com a terra. Segundo a Bíblia, essas três relações vitais romperam-se não só exteriormente, mas também dentro de nós. Esta ruptura é o pecado (66).

A palavra criadora de Javé é elemento constitutivo da natureza, na sua origem e atividade (Is 40,26; Jó 37,6; Sl 147,15). E o cosmos é fonte de revelação de Deus. É Deus, portanto, que faz existir. Que chama as coisas de onde não são para que sejam. E o faz por sua palavra. Deus diz e aquilo é feito do nada. Só Deus é Deus, como se repete muitas vezes na Bíblia, no sentido de que só ele é capaz de criar a partir do nada, o cosmos e tudo o que existe (cf. Is 40,25-30; Jó 38).

Deus cria colocando ordem. Sua palavra estrutura o caos. Ao mesmo tempo, a Bíblia nos relembra que o Criador dialoga com a sua criatura humana; uma maneira de conceder-lhe imenso respeito. Tudo isso numa ausência absoluta de violência, numa espécie de doçura fundante que será sustentáculo para o Sermão da Montanha posteriormente, no Novo Testamento, quando será proclamada a perfeição do Pai (cf. Mt 5). Neste criar no tempo, "no princípio", o relato bíblico não sonha em opor à eternidade de Deus a eternidade do mundo criado. Somente Deus é princípio e começo de tudo o que existe, e o mundo vem depois, ainda que não se possa estabelecer a cronologia da posterioridade do criado.

Esse "começo", essa "origem sem origem" que só encontra sua fonte na inefável Paternidade divina, é incompreensível sem um "fim". Mas tal fim, sem o qual o mundo perderia seu dinamismo, nos é radicalmente desconhecido. Isso nos impede de buscá-lo entre os fenômenos deste mundo. Determinar quando será o fim não compete aos cientistas. É desconhecido do próprio Filho, que deixa este segredo para o Pai (cf. Mt 24,36).

De certa maneira, a encíclica *Laudato Si'* recolhe o esforço que vem fazendo a teologia cristã, nos últimos tempos, para debruçar-se sobre o tema da criação. Tal atitude denota uma tomada de consciência, por parte dos cristãos, de que o que está em jogo na questão ecológica é muito mais que um novo tema a ser trabalhado pelo pensamento teológico. É, sim, o futuro das relações homem-natureza-Deus, ou seja, o próprio conceito de Deus que é central ao Cristianismo: Deus Pai, autor da vida, criador e salvador.

O mandato de "dominar a terra" que o livro do Gênesis (Gn 1,28) coloca na boca do Deus Criador dirigindo-se ao homem, recém-moldado do barro e animado com o hálito da vida divina, passou por muitas interpretações ao longo da tradição cristã. Uma delas – e talvez a que mais se impôs – tendia a interpretar a consigna divina no sentido de domínio arrogante do ser humano sobre a natureza, em nome do Criador. Essa tendência continua a apresentar problemas quando se trata de confrontar, ainda hoje, a visão ecológica com o Cristianismo.

A acusação e a desconfiança que permanecem em relação à interpretação do mandato genesíaco, no sentido da primazia absoluta e sem limites do homem e da mulher sobre a natureza, carregam consigo sérias consequências: a suspeita de uma concepção de ser humano equivocadamente individualista, aliada a um determinismo econômico e tecnológico onipotentes; a visão do ser humano separado da natureza, vendo nesta uma inimiga a ser conquistada e destruída impunemente em nome de um equivocado progresso; a luta humana pela vida transformada em ameaçador instinto de morte que pesa sobre todas as outras formas de vida.

Teologicamente, as consequências não são menos graves. Optar por tal tendência e assumir essa interpretação é introduzir uma cisão irreparável na própria ideia de criação, separando o ser humano do cosmos. É banir da vida cristã, de sua teologia e espiritualidade, a noção tão presente para os antigos de ver o cosmos como uma epifania, ou seja, como a manifestação de um mistério, que pede reverência e respeito para quem dele se aproxima. A encíclica insiste: o fato de o ser humano não ser o dono do universo não significa igualar todos os seres vivos e tirar do ser humano seu valor peculiar que o caracteriza; "também não requer uma divinização da terra, que nos privaria da nossa vocação de colaborar com ela e proteger a sua fragilidade" (90). Nessa perspectiva, "todo o encarniçamento contra qualquer criatura é contrário à dignidade humana" (92), mas "não pode ser autêntico um sentimento de união íntima com os outros seres da natureza, se ao mesmo tempo não houver no coração ternura, compaixão e preocupação pelos seres humanos" (91).

É aí que entra o apelo do papa à responsabilidade pelos outros e pela criação como coração de uma espiritualidade ecológica:

> Esta responsabilidade perante uma terra que é de Deus implica que o ser humano, dotado de inteligência, respeite as leis da natureza e os delicados equilíbrios entre os seres deste mundo [...] Assim nos damos conta de que a Bíblia não dá lugar a um antropocentrismo despótico, que se desinteressa das outras criaturas (68).

Ao mesmo tempo que podemos fazer um uso responsável das coisas, somos chamados a reconhecer que os outros seres vivos têm um valor próprio diante de Deus e, "pelo simples fato de existirem, eles o bendizem e lhe dão glória", porque "o Senhor se alegra em suas obras" (Sl 104,31) (69).

Porque foram desejadas, pensadas e criadas por Deus, todas as criaturas merecem respeito e atenção. Uma espiritualidade cristã, que se alimenta da palavra da Escritura, leva em conta essa responsabilidade para com todos os seres vivos pelo simples fato de que existem, vivem e são um testemunho do amor fecundo e abundante do Criador. É fundamental, portanto, para uma verdadeira espiritualidade ecológica, a consciência de uma comunhão universal: "[...] criados pelo mesmo Pai, estamos unidos por laços invisíveis e formamos uma espécie de família universal, [...] que nos impele a um respeito sagrado, amoroso e humilde" (89).

Embora boa e digna de reverência, lugar e morada da vida, a criação não é considerada pelo Cristianismo uma grandeza harmônica e em si mesma reconciliada. É, sim, grandeza dividida, conflitiva, sofrida, porque atravessada pelo mal e por ele "submetida". Todas as criaturas participam dessa condição e juntas gemem e esperam pela libertação (cf. Rm 8,19-22). Somente a passagem pelo crivo messiânico da nova criação, inaugurada com a encarnação, vida, morte e ressurreição de Jesus Cristo, permite dizer, afinal, que o mundo é graça. A *Laudato Si'* reconhece essa dimensão agônica em que vive a criação e aponta para nossa responsabilidade em relação à terra e aos seres criados. Essa criação atravessada pelo pecado, que é também nosso, demanda uma atitude de cuidado e desvelo, para que possa continuar sendo, como Deus assim o deseja, a morada da vida.

3. Cuidado de uma criação que é frágil

A encíclica *Laudato Si'* chama a atenção para o fato de a criação, apesar de ser bela, louvável e trazer toda ela o selo de Deus, é frágil e vulnerável. Portanto, necessita de cuidado.

> Se reconhecermos o valor e a fragilidade da natureza e, ao mesmo tempo, as capacidades que o Criador nos deu, isto nos permite acabar hoje com o mito moderno do progresso material ilimitado. Um mundo frágil, com um ser humano a quem Deus confia o cuidado do mesmo, interpela a nossa inteligência para reconhecer como deveremos orientar, cultivar e limitar o nosso poder (78).

Cuidar deste mundo que é nossa casa comum, dada a nós por Deus em puro gesto de graça infinita, requer um trabalho ascético de exercitar virtudes que nos tornem livres para realizar esse cuidado. A encíclica ressalta que hoje a humanidade possui uma abundância de meios e uma escassez de fins, e muitas vezes não se dá conta "da seriedade dos desafios que se lhe apresentam e 'cresce continuamente a possibilidade de o homem fazer mau uso do seu poder'" (105).

O texto deste papa eminentemente pastoral chama a atenção para o fato de que

> o ser humano não é plenamente autônomo. A sua liberdade adoece quando entregue às forças cegas do inconsciente, das necessidades imediatas, do egoísmo, da violência brutal. Neste sentido, ele está nu e exposto frente ao seu próprio poder que continua a crescer, sem ter os instrumentos para controlá-lo. Talvez disponha de mecanismos superficiais, mas podemos afirmar que carece de uma ética sólida, uma cultura e uma espiritualidade que lhe ponham realmente um limite e o contenham dentro de um lúcido domínio de si (105).

Por isso, o último capítulo da *Laudato Si'* é sobretudo prático. Enumera os passos a dar a fim de viver uma espiritualidade ecológica. Mas antes coloca dois pilares fundamentais para que esta espiritualidade tome lugar. O *primeiro* aponta para uma mudança de estilo de vida. O pontífice, com palavras claras e contundentes, denuncia a sociedade de consumo que empurra o indivíduo para acumular bens de que não necessita, lesando a comunidade humana à qual pertence. Ressalta que "a obsessão por um estilo de vida consumista, sobretudo, quando poucos têm possibilidades de o manter, só poderá provocar violência e destruição recíproca" (204). E acrescenta que "uma mudança nos estilos de vida poderia chegar a exercer uma pressão salutar sobre quantos detêm o poder político, econômico e social" (206). Exemplifica concretamente os movimentos de consumidores que boicotam produtos, pressionando, assim, as empresas a assumir sua responsabilidade de produzir com sustentabilidade.

O *segundo* é a educação para uma aliança entre ser humano e meio ambiente. Esta deve tender a recuperar os distintos níveis de equilíbrio ecológico: o interior consigo mesmo, o solidário com os outros, o natural com todos os seres vivos, o espiritual com Deus. E a encíclica afirma: "A educação ambiental deveria predispor-nos para dar este salto para o Mistério, do qual uma ética ecológica recebe o seu sentido mais profundo" (210).

A partir daí o papa faz exortações nítida e diretamente espirituais a seus leitores e, especialmente, aos fiéis cristãos. Convicto de que a crise ecológica demanda uma profunda conversão, afirma que esta é constitutiva da vocação cristã em si mesma: "Viver a vocação de guardiões da obra de Deus não é algo de opcional nem um aspecto secundário da experiência cristã, mas parte essencial de uma existência virtuosa" (217).

Consciente, porém, de que pela magnitude do problema com o qual nos defrontamos não basta uma mudança individual, apoiado no inspirador teólogo Romano Guardini, apela a uma conversão comunitária. Aos problemas sociais responde-se não com a mera soma de atitudes individuais, mas com redes comunitárias:

> As exigências desta obra serão tão grandes, que as possibilidades das iniciativas individuais e a cooperação dos particulares, formados de maneira individualista, não serão capazes de lhes dar resposta. Será necessária uma união de forças e uma unidade de contribuições (219).

Pessoal e comunitariamente, os habitantes da casa comum estamos convocados a fazer crescer em nós as atitudes espirituais correspondentes à conversão ecológica que desejamos e que o mundo necessita:

- reconhecimento e gratidão pelo mundo que é dom de Deus;
- ter consciência de ser parte deste mundo e ser chamado à comunhão com todos os seres que o integram;
- viver na sobriedade que gera a alegria e a paz e que recusa a ditadura do consumismo e a aberração do luxo;
- recuperar a harmonia por um refrear da ansiedade e do frenesi do ritmo da vida moderna, permitindo-se parar para realizar os atos mais simples do cotidiano, como, por exemplo, rezar antes das refeições;
- praticar todos os atos, mesmo os mais simples, colaborando para uma cultura do cuidado.

O desenvolvimento da cultura do cuidado inclui quer a intervenção política em termos partidários, defendendo as causas do bem comum, quer as mais humildes ações comunitárias que cuidem da casa comum (220-232).

Conclusão: cuidado da terra, cuidado dos pobres

Desde o início, a encíclica relaciona terra e humanidade. Nós somos terra, pó, barro. Nossa corporeidade é formada pelos elementos que constituem o planeta: a argila, da qual Deus formou Adão; a água que mata a sede; o ar que enche nossos pulmões e nos mantém vivos. Somos terra, argila sobre a qual é soprado o espírito divino que anima e inspira. E somos chamados a maravilhar-nos por nossa vocação de habitantes da casa comum, que dividimos com todos os outros seres.

Porém, inseparável dessa visão maravilhada diante da criação que deve ser cuidada com desvelo e atenção, está o alerta contra a atitude consumista e predatória com que o planeta é tratado pelas grandes potências e governos irresponsáveis. A principal preocupação do papa é não separar, sob pretexto algum, o compromisso em favor do meio ambiente e o engajamento em favor dos pobres.

O documento enumera sofrimentos e desgraças que a depredação do meio ambiente traz aos pobres. Há uma minuciosa reflexão: desde a poluição da água, com a qual os pobres se dessalteram, da qual extraem os peixes que lhes servem de alimento, que lhes possibilita viver da agricultura e do cultivo, até as doenças que as águas poluídas trazem, provocando epidemias e morte. Igualmente se seguem na reflexão papal a exposição dos mais vulneráveis do planeta aos poluentes atmosféricos que lhes causam sérios danos à saúde, e a degradação das condições de vida dessas populações que as forçam a emigrar, instituindo um círculo vicioso que leva à destruição das famílias e à perda fatal da qualidade de vida e da sobrevivência.

O documento pontifício propõe uma nova ideia de progresso, não centrado sobre uma arrogante onipotência do ser humano, que se atribui o direito de agredir o planeta que habita, esquecendo-se de que é a casa comum de todos. Mas um progresso com um desenvolvimento holístico e ecologicamente sustentável, que seja o ato fundante de uma nova civilização. Francisco, com seu olhar inspirado pela fé, vê a humanidade como uma família, "a única família humana". Essa visão não permite isolamento, alienação ou a globalização da indiferença diante do imenso problema que a degradação do meio ambiente representa para as futuras gerações.

Apenas o olhar e a atitude "franciscanas" – de cuidado, responsabilidade e reverência – por este planeta, que é nossa casa comum, pode levar à exclamação de plenitude vital que é o louvor ao Senhor Criador de todos os seres. Só pode exclamar "Louvado seja" com os olhos voltados para o alto quem olhou ao seu redor e curvou-se para cuidar da mais humilde criatura saída das mãos de Deus.

14

O que nos reúne é a defesa da vida, o cuidado da criação

*Rodrigo de Castro A. Péret**

Introdução: tudo é interligado

Héritier é um jovem de 26 anos de idade; vive na região nordeste da República Democrática do Congo. Trabalhava na mineração artesanal, até que a empresa Kibali Gold Mine comprou as terras. A Kibali é uma *joint venture* entre a Randgold (45%), a AngloGold Ashanti (45%) e a SOKIMO, estatal congolesa (10%). Relata Héritier:

> A empresa comprou toda a terra. Nós ainda precisávamos trabalhar, por isso pedimos à empresa para produzir em parte da terra para nós, mas ela se recusou a fazê-lo. Então, nós pedimos à empresa para pelo menos nos dar um emprego e ela novamente disse não.

Sem perspectiva, a comunidade reagiu. Bloqueou o acesso que dava à mina, empilhou e colocou fogo em pneus. Diz Héritier:

> Os soldados me jogaram no fogo. Queimei meu braço e minhas costas. Porém Deus me salvou, porque eu consegui escapar. Mesmo assim, os soldados me prenderam e me torturaram naquela

---

* Frade franciscano, membro da executiva do Sinfrajupe (Serviço Interfranciscano de Justiça, Paz e Ecologia) e da AFES (Ação Franciscana de Ecologia e Solidariedade). Acompanha pastorais sociais e movimentos socioambientais. Membro da articulação latino-americana "Iglesias y mineria".

noite. De manhã, a tortura continuou, então eles me levaram de cidade em cidade.

Um dia depois desse horror, Héritier foi levado para um hospital. Assim que se recuperou, fugiu para outra cidade com sua família e ainda enfrenta ameaças.[1]

***

Patrícia Generoso Thomas vive no estado de Minas Gerais, Brasil:

Nossas comunidades tinham à disposição muita água potável. Elas se organizaram, construindo suas vilas próximas aos cursos de água. Especificamente na minha cidade, Conceição do Mato Dentro, temos 17 comunidades que sofrem pelos danos que a mineração provocou. Para extrair o minério é preciso rebaixar o lençol freático, bombeando água que vem sendo usada, em parte, no próprio processo de transformação do minério. Assim, a água pura e preciosa para a vida e a produção alimentar está sendo contaminada. Muitas famílias foram obrigadas a se retirar do local onde viviam há várias gerações para dar lugar às cavas de minério e barragens de rejeito. Outras foram forçadas a conviver, cotidianamente, com a agressão ambiental e tiveram alterações violentas de seu modo de vida, de seu sossego e bem viver. Mas a violência é ainda pior: num momento de extrema escassez hídrica, as empresas estão utilizando a água até para transportar o minério de ferro da mina ao porto. Por exemplo, o mineroduto Minas-Rio da empresa Anglo American inicia na minha cidade, onde há uma cava de 12 km de extensão, e vai até o porto de Açu no Rio de Janeiro atravessando 32 municípios por 529 km. Esse mineroduto utiliza

---

[1] Disponível em: <http://www.romereports.com/2015/07/18/a-nightmare-that-still-haunts-him-african-miner-shares-his-story>.

2.500 m³ de água por hora, o que seria suficiente para abastecer uma cidade de 220 mil habitantes![2]

Inicio minha reflexão com testemunhos de atingidos pela mineração, relatados em julho de 2015, em Roma, numa reunião do *Conselho Pontifício de Justiça e Paz* com pessoas de dezoito países. Como horizonte enxergo os setores de Igrejas latino-americanas, que se articulam na rede "Iglesias y Mineria", na defesa das comunidades e territórios.

Nos últimos sessenta anos, 40% dos conflitos globais, segundo a ONU, estão ligados a recursos naturais.[3] A extração[4] em larga escala é realidade crescente no sul global. A mineração é vista como inevitável, e governos buscam se beneficiar dela. Na América Latina e África a sua expansão prejudica comunidades, expulsa a população de seus territórios, apropria e destrói ecossistemas. Quanto mais os setores da mineração mantêm invisíveis as atividades e impactos nas comunidades e no meio ambiente, tanto maiores são os seus lucros.

No relatório que trata da importância mineira nas economias, produzido pelo Conselho Internacional da Mineração e Metais (ICMM) editado em 2014, Botsuana e República Democrática do Congo, na África, estão no topo com as maiores contribuições de exportações de minerais. Para as economias

---

[2] Disponível em: <http://br.radiovaticana.va/news/2015/07/21/brasileira_fala,_em_coletiva_de_imprensa_no_vaticano/1159029>.

[3] Relatório do Programa das Nações Unidas para o Ambiente intitulado *Do Conflito à Construção da Paz: o Papel dos Recursos Naturais e Meio Ambiente* (2009).

[4] O extrativismo é uma realidade bastante ampla, se entende desde atividades como mineração, petróleo e gás, agricultura de monocultivo, atividade pesqueira e exploração florestal. Atenho-me aqui à mineração.

nacionais africanas, tais exportações têm sido comparáveis a algumas das maiores economias do mundo.⁵ Contudo, no Relatório de Desenvolvimento Humano 2014, do Programa de Desenvolvimento das Nações Unidas (PNUD), que abrange 187 países, Botsuana aparece em 109º lugar, e a República Democrática do Congo, em 186º lugar.

A mineração desconstrói territórios e territorialidades. Em Moçambique, a empresa VALE extrai carvão, na mina de Moatize. Segundo a *Human Rights Watch*, isso levou à remoção de 1.365 famílias. Uma ruptura significativa em seus meios de subsistência e laços comunitários, além de violação de vários direitos econômicos e sociais, como a obtenção de água, alimentação adequada, trabalho e acesso a cuidados de saúde.⁶

A extração atinge também bacias hidrográficas e ambientes locais. Nas terras altas da região de Cajamarca, no norte do Peru, milhares de camponeses lutam pelo ecossistema e a água. Chamados de "Guardiães das lagoas", armaram barracas junto aos lagos e se revezam, numa vigília de luta. O Projeto Conga de Mineração de Ouro⁷ destruirá 27 lagoas em 67 hectares de espelhos d'água, incluindo dois importantes rios da região.

---

⁵ Apresenta-se uma lista de vinte países com as maiores contribuições de exportação mineral em percentagem das exportações totais de mercadorias em 2012. Dez nações são da África. Esse relatório atualiza e expande a primeira edição de 2012. Ver: <http://www.icmm.com/document/7950>.

⁶ HUMAN RIGHTS WATCH. "O que é uma casa sem comida?" O *Boom* da Mineração de Carvão em Moçambique e o Reassentamento - Maio 2013. Disponível em: <http://www.hrw.org/sites/default/files/reports/mozambique-0513port_ForUpload_0.pdf>.

⁷ O Projeto de Mineração Yanacocha é formado pela estadunidense Newmont Mining Corporation (51%), Peru Buenaventura (44%) e o IFC do Banco Mundial (5%). Está destruindo a cabeça da bacia hidrográfica da província de Ce-

Os impactos negativos e as violações de direitos vão além dos territórios das minas. Estendem-se por sistemas de infraestrutura e atividades industriais. No norte do Brasil, o Projeto Grande Carajás, da VALE, atinge inúmeras comunidades ao longo dos 900 km da ferrovia que transporta o minério. É uma cadeia de negócios ligada à mineração que ameaça os modos de vida da população local. São estradas, ferrovias, minerodutos, portos, terminais logísticos, plantas industriais (aço e petroquímica), usinas de energia e obras de captação de água. As comunidades enfrentam essa situação ocupando, por várias vezes, o leito da ferrovia.

1. Justiça integral

A encíclica *Laudato Si'* diz que tudo está "interligado", "inter-relacionado", que existe uma "relação entre a natureza e a sociedade que a habita" (139). Partindo de Francisco de Assis, o papa fala em "ecologia integral", e nos diz que em São Francisco "se nota até que ponto são inseparáveis a preocupação pela natureza, a justiça para com os pobres, o empenhamento na sociedade e a paz interior" (10). E afirma ainda: "O seu testemunho mostra-nos também que uma ecologia integral requer abertura para categorias que transcendem a linguagem das ciências exatas ou da biologia e nos põem em contato com a essência do ser humano" (11). A ecologia integral parte da necessidade de "pensar e discutir acerca das condições de vida e de sobrevivência de uma sociedade, com a honestidade de pôr em questão modelos

---

lendin, e em parte da vizinha Cajamarca e Hualgayoc, deixando contaminação e escassez severa de água. Além do dano ambiental, que afetará a maioria das pessoas que vivem da agricultura e criação de gado.

de desenvolvimento, produção e consumo" (138), evitando "os conhecimentos fragmentários e isolados" (138).

A ecologia integral implica rever o lugar do ser humano no mundo e suas relações com a realidade (15), superando uma forma incorreta de interpretar as Escrituras: "[...] hoje devemos decididamente rejeitar que, do fato de ser criados à imagem de Deus e do mandato de dominar a terra, se deduza um domínio absoluto sobre as outras criaturas" (67). As narrativas em "linguagem simbólica" da criação no livro do Gênesis "sugerem que a existência humana se baseia sobre três relações fundamentais intimamente ligadas: as relações com Deus, com o próximo e com a terra" (66). Não há lugar para um "antropocentrismo despótico" (68), pois "os outros seres vivos têm um valor próprio diante de Deus" (69). Não cabe mais dizer que "as outras criaturas estão totalmente subordinadas ao bem do ser humano, como se não tivessem um valor em si mesmas e fosse possível dispor delas à nossa vontade" (69). O valor do "ser" sobrepõe-se ao valor do "ser útil" (69). A injustiça extrema contra o irmão, na narração de Caim e Abel, é ruptura com Deus e com a terra: "Quando todas estas relações são negligenciadas, quando a justiça deixa de habitar na terra, a Bíblia diz-nos que toda a vida está em perigo" (70).

A justiça pressupõe, portanto, uma integralidade. O modelo de desenvolvimento hegemônico, o capitalismo, é marcado por profundas desigualdades. A sua reprodução é imposta através do paradigma tecnoeconômico que leva a um consumismo obsessivo. Quem sofre, em primeiro lugar, os impactos desse modelo são aqueles que não decidiram por ele.

O aquecimento causado pelo enorme consumo de alguns países ricos tem repercussões nos lugares mais pobres da terra, especialmente na África, onde o aumento da temperatura, juntamente com a seca, tem efeitos desastrosos no rendimento das plantações (51).

Evidencia-se, assim, a desigualdade no poder e na vivência dos impactos. Faz-se necessária a equidade social e um ambiente sadio, o exercício da *justiça ambiental*. A luta pela justiça ambiental traz à luz a apropriação injusta do ambiente como a base dos problemas sociais, ecológicos e culturais do planeta, o que mantém bilhões de pessoas na pobreza. Os impactos desse modelo afetam os excluídos, as diferentes espécies e seus ecossistemas.

As exportações de algumas matérias-primas para satisfazer os mercados no Norte industrializado produziram danos locais, como, por exemplo, a contaminação com mercúrio na extração minerária do ouro ou com o dióxido de enxofre na do cobre (51).

Uma justiça integral, social e ambiental supera a manipulação do conceito de sustentabilidade e afirma os direitos da natureza.

Não cabe mais camuflar, nas questões das injustiças e desigualdades, a falência do nosso cuidado para com a natureza.

As razões pelas quais um lugar se contamina exigem uma análise do funcionamento da sociedade, da sua economia, do seu comportamento, das suas maneiras de entender a realidade [...] Não há duas crises separadas: uma ambiental e outra social; mas uma única e complexa crise socioambiental. As diretrizes para a solução requerem uma abordagem integral para combater a pobreza, devolver a dignidade aos excluídos e, simultaneamente, cuidar da natureza [...] Isto nos impede de considerar a natureza como algo separado de nós ou como uma mera moldura da nossa vida (139).

As soluções integrais apontam para a necessidade de outro estilo de vida (cf. 203-208), que supere o paradigma tecnocientífico, uma "conversão ecológica".

2. Viver em comunhão

Somos, todos e tudo, criaturas. Fazemos parte de um projeto de amor de Deus (cf. 76). Como natureza, somos sistemas abertos que se comunicam e integram, evoluem, onde tudo está interligado (cf. 79). Enquanto criação, somos dom de Deus, cujo amor nos chama a uma comunhão universal (cf. 76). Nada é mero objeto, ninguém e nada é mais digno do que outro. Todas as criaturas avançam para uma meta comum, que é Deus. A noção de criação revela o universo como linguagem de amor, no qual tudo é carícia de Deus, objeto de ternura do Pai. Deus está presente no mais íntimo de cada ser. Assim, a natureza manifesta Deus e é lugar de sua presença.

Se tudo está interligado, criados pelo mesmo Pai, tudo é comunhão. Assim, "estamos unidos por laços invisíveis e formamos uma espécie de família universal, uma comunhão sublime que nos impele a um respeito sagrado, amoroso e humilde" (89). União a tal ponto que a degradação ambiental e a extinção de espécies são como doença e mutilação para nós. Nessa família universal a luta pelo meio ambiente deve ser expressão de íntima união com os outros seres, ao mesmo tempo com um coração terno, compassivo e preocupado pelos seres humanos (91). Nessa família universal reconhecemos "que uma verdadeira abordagem ecológica sempre se torna uma abordagem social, que deve integrar a justiça nos debates sobre o meio ambiente, para ouvir tanto o clamor da terra como o clamor dos pobres" (49). Abre-se, então, a necessidade de mudança no estilo de vida.

Quando as pessoas se tornam autorreferenciais e se isolam na própria consciência, aumentam a sua voracidade: quanto mais vazio está o coração da pessoa, tanto mais necessita de objetos para comprar, possuir e consumir. Em tal contexto, parece não ser possível, para uma pessoa, aceitar que a realidade lhe assinale limites; neste horizonte, não existe sequer um verdadeiro bem comum (204).

A espiritualidade cristã propõe "uma forma alternativa de entender qualidade de vida": a "sobriedade, vivida livre e conscientemente, é libertadora", a simplicidade, a felicidade no limitar as nossas necessidades (222-224). "A pobreza e a austeridade de São Francisco não eram simplesmente um ascetismo exterior, mas algo de mais radical: uma renúncia a fazer da realidade um mero objeto de uso e domínio" (11).

Nas narrativas da vida de São Francisco encontramos, a meu ver, duas que ilustram a vivência em comunhão. Uma nos diz da relação do santo com outros seres vivos, resumidamente assim: uma cigarra morava em uma figueira, perto da cela do santo, em Santa Maria da Porciúncula. Francisco a chamava e estendia a mão, dizendo: "Canta, irmã cigarra, louva com teu júbilo ao Deus Criador". Ela cantava até que Francisco pedia-lhe para retornar ao seu lugar. Isso se repetiu por oito dias. Por fim, o homem de Deus disse aos companheiros: "Vamos despedir nossa irmã cigarra, que já nos alegrou bastante com seu louvor, para que isso não seja causa de vanglória para nós". Diz a narrativa que ela se foi e não apareceu mais.[8] A outra ilustra como Francisco entendia sua

---

[8] Cf. TOMÁS DE CELANO. Vida de São Francisco. Segundo livro, cap. 130, 173. In. SILVEIRA, Idelfonso. *São Francisco de Assis*. Escritos e biografias de São Francisco de Assis, crônicas e outros testemunhos do primeiro século franciscano. Petrópolis: Vozes/Cefepal, 1981.

relação com os excluídos. O afeto pelos leprosos era tão forte que, segundo a narrativa, para se reconciliar com um desses irmãos, chegou a comer no mesmo prato com ele.[9]

Essas narrativas ilustram bem a atitude relacional de Francisco de Assis para com a natureza e para com os excluídos. No primeiro texto, além de poesia edificante, Francisco que fala com as criaturas, a relação é lúdica e de afeto e não instrumentalização da natureza. A cigarra encanta e alegra, porém Francisco não a possui. O texto é claro ao dizer que ele se despede da cigarra para que a alegria de seu louvor não seja causa de vanglória. A natureza não foi criada para nos servir, o "ser" cigarra é mais importante do que sua utilidade. Assim, ele se despede da cigarra, que não apareceu mais. Continuou sua vida... A natureza tem sua própria dinâmica, independente de nós.

O segundo texto evidencia que a afetividade de Francisco é integral: para com as criaturas e para com os excluídos. Os leprosos eram excluídos da sociedade, viviam fora dos muros das cidades. Foi o encontro com um leproso, um abraço e um beijo, que levou Francisco de Assis a abandonar a lógica do mundo mercantil, de sua família, e se fazer menor entre todos e tudo. Ele disse em seu *Testamento*: aquilo que antes era amargo se tornou doçura de coração. Uma nova lógica, outro estilo de vida, se tornou doçura para o coração. "A espiritualidade cristã propõe uma forma alternativa de entender a qualidade de vida, encorajando um estilo de vida profético e contemplativo, capaz de gerar profunda alegria sem estar obcecado pelo consumo"

---

[9] LEGENDA PERUSINA, 23. In: SILVEIRA, Idelfonso. *São Francisco de Assis*. Escritos e biografias de São Francisco de Assis, crônicas e outros testemunhos do primeiro século franciscano. Petrópolis: Vozes/Cefepal, 1981.

(222). Comer no mesmo prato é mais do que se solidarizar com alguém. Consiste em compartilhar, participar do mesmo destino. Francisco se insere, vê o mundo desde dentro, a partir dos excluídos, participa e se torna um com eles.

Os dois textos revelam em São Francisco essa dinâmica que o papa chama de "conversão ecológica". Ativar o cuidado generoso e cheio de ternura comporta, segundo a encíclica, várias atitudes: gratidão e gratuidade, viver o mundo como dom recebido; consciência amorosa de formar com os outros seres uma comunhão universal; contemplar o mundo desde dentro e não de fora; ver-se com grave responsabilidade, desenvolver a criatividade e o entusiasmo para resolver os dramas do mundo (220).

Ainda nas duas narrativas citadas, estão junto a Francisco seus irmãos de fraternidade. Ele vive essas relações em dimensão fraterna. A criação inteira é louvada por ele no Cântico das Criaturas, como uma grande família: nós e tudo. Nesse sentido a encíclica convida

> todos os cristãos a explicitar esta dimensão da sua conversão, permitindo que a força e a luz da graça recebida se estendam também à relação com as outras criaturas e com o mundo que os rodeia, e suscite aquela sublime fraternidade com a criação inteira que viveu, de maneira tão elucidativa, São Francisco de Assis (221).

A comunhão a partir da realidade humana e da natureza implica viver as dimensões de justiça, paz e integridade da criação, que nos ajudam a descobrir o rosto dos pobres, e de todos os seres.

> Paz, justiça e conservação da criação são três questões absolutamente ligadas, que não se poderão separar, tratando-as individualmente sob pena de cair novamente no reducionismo. Tudo está relacionado, e todos nós, seres humanos, caminhamos juntos como

irmãos e irmãs numa peregrinação maravilhosa, entrelaçados pelo amor que Deus tem a cada uma das suas criaturas e que nos une também, com terna afeição, ao irmão sol, à irmã lua, ao irmão rio e à mãe terra (92).

A encíclica fala de coexistirmos como família, com todos e com tudo. Isso implica pluralismo cultural, um processo de descolonização (145). Também inclui construirmos processos de complementaridade e de solidariedade. Cuidar da integridade da criação é cuidar da diversidade sociocultural e dos fluxos que sustentam a comunidade de vida do planeta. Para isso é necessário superar a mercantilização da natureza. A economia deve estar sujeita aos processos e dinâmicas de funcionamento dos sistemas naturais.

No dizer do Cântico das Criaturas, a Terra é Mãe que nos sustenta e governa. A economia deve respeitar a dignidade e a qualidade de vida humana, as experiências dos povos, suas culturas e diversidade de cosmovisões. Nesse particular o texto se refere aos povos indígenas, que

> devem tornar-se os principais interlocutores, especialmente quando se avança com grandes projetos que afetam os seus espaços. Com efeito, para eles, a terra não é um bem econômico, mas dom gratuito de Deus e dos antepassados que nela descansam, um espaço sagrado com o qual precisam interagir para manter a sua identidade e os seus valores. Eles, quando permanecem nos seus territórios, são quem melhor os cuida. Em várias partes do mundo, porém, são objeto de pressões para que abandonem suas terras e as deixem livres para projetos extrativos e agropecuários que não prestam atenção à degradação da natureza e da cultura (146).

3. A santidade é caminho comunitário

Uma vez que tudo é interligado e que somos chamados a viver em comunhão, o colocar-se no centro, isolar-se, privilegiar os próprios interesses e instrumentalizar a tudo como objeto é fruto de um "antropocentrismo desordenado" (122). O interesse coletivo é mais importante, particularmente o dos atingidos por essa cultura que relativiza tudo. No debate em relação aos impactos ambientais dos empreendimentos e projetos, ocupam um

> lugar privilegiado os moradores locais, aqueles mesmos que se interrogam sobre o que desejam para si e para os seus filhos e podem ter em consideração as finalidades que transcendem o interesse econômico imediato (183).
> Em qualquer discussão sobre um empreendimento, dever-se-ia pôr uma série de perguntas, para poder discernir se o mesmo levará a um desenvolvimento verdadeiramente integral: Para que fim? Por qual motivo? Onde? Quando? De que maneira? A quem ajuda? Quais são os riscos? A que preço? Quem paga as despesas e como o fará? Neste exame, há questões que devem ter prioridade (185).

A inter-relação e a comunhão fazem do comunitário um marco inspirador de amor social e político: amor ao inimigo, amor à natureza, que nos torna necessitados uns dos outros e do mundo (228-229). "O amor, cheio de pequenos gestos de cuidado mútuo, é também civil e político"; "o amor à sociedade e o compromisso pelo bem comum são uma forma eminente de caridade"; "o amor social é a chave para um desenvolvimento autêntico" (231). Como norma do agir, "o amor na vida social – nos planos político, econômico, cultural [...]", que adota estratégias para deter a degradação ambiental e incentivar a cultura do cuidado, é caminho de santidade:

Quando alguém reconhece a vocação de Deus para intervir juntamente com os outros nestas dinâmicas sociais, deve lembrar-se que isto faz parte da sua espiritualidade, é exercício da caridade e, deste modo, amadurece e se santifica (231).

Ações comunitárias pela qualidade de vida dos pobres e pela nossa casa comum que, "quando exprimem um amor que se doa, podem transformar-se em experiências espirituais intensas" (232).

Conclusão

Na América Latina, as comunidades e movimentos sociais enfrentam a realidade predatória dos empreendimentos minerários. Através da luta de resistência e de enfrentamento, buscam parar e reverter esses empreendimentos. Juntos querem ir além dos simples processos de reparação, mitigação e compensação pelos impactos ambientais e violações de direitos. Querem construir outro futuro. Estão em discussão "transições para uma alternativa ao desenvolvimento".[10] Processos de mudanças a serem construídos coletivamente. Partindo da situação

---

[10] Essas transições são processos de mudanças a serem construídas coletivamente devido à situação de urgência e emergência. Sair do atual "extrativismo depredador" para impedir os atuais impactos ambientais e sociais, fechando os projetos mais prejudiciais ou que não podem ser convertidos, garantindo os direitos dos indivíduos, com medidas econômicas para implementar tributação e compensação justa. Passar para alternativas intermediárias, um "extrativismo sensato", redimensionado o econômico, com menor relevância comercial, e colocado sob controle social e ambiental. Para chegar em um "extrativismo do indispensável". GUDYNAS, E. (2013). La construcción de otros futuros y las alternativas al extractivismo. En: *Minería y movimientos sociales en Perú. Instrumentos y propuestas para la defensa de la vida, el agua y los territorios*. Editores: Raphael Hoetmer, Miguel Castro, Mar Daza, José de Echave y Clara Ruíz. PDTG (Programa Democracia y Transformación Global), CooperAcción, Acsur y Entre Pueblos. Lima (Perú), 2013. p 574.

de urgência e emergência, busca-se a extração do indispensável, sob outro modelo socioeconômico.

A encíclica fala em recorrer a soluções transitórias, para mudança do modelo energético baseado nos combustíveis fósseis, através da substituição progressiva e sem demora, sobretudo, da extração de carvão, petróleo e gás (165). Questiona a comunidade internacional, que não "consegue suficiente acordo sobre a responsabilidade de quem deve suportar os maiores custos da transição energética" (165). Propõe transição com compromissos graduais e vinculativos (cf. 180).

As resistências e lutas se travam nos territórios. Quando uma empresa mineradora controla um território, a terra se transforma em espaço usado, título minerário, mercadoria. Na legislação brasileira, a população é classificada como superficiária e as atividades minerárias tem precedência nos territórios, pois são consideradas de utilidade pública. As empresas buscam se livrar do superficiário. A mineração se apropria da terra, da água e do ambiente, causando impactos negativos e violando direitos humanos. O cuidado da casa comum não se separa da questão de qual modelo de casa queremos.

A encíclica é clara ao reconhecer a legitimidade e a necessidade da pressão da população e de suas organizações (38, 179, 181). O papa cita o *Compêndio da Doutrina Social da Igreja*,[11] e afirma que: "O ambiente é um dos bens que os mecanismos de mercado não estão aptos a defender ou a promover adequadamente" (190). Empoderar as populações locais, nos territórios, contra as violações de direitos e contra os crimes à Mãe Terra é caminho para o cuidado da casa comum. O que nos reúne é a defesa da vida em toda a sua extensão, na tenda da criação.

---

[11] PONTIFÍCIO CONSELHO "JUSTIÇA E PAZ". *Compêndio da Doutrina Social da Igreja*, 470.

15

Laudato Si' e as lutas dos movimentos socioambientais

*Gilvander Luís Moreira**

Iniciando a reflexão

Muitas crises estão afetando as pessoas e todos os demais seres que habitam nossa casa comum. A crise ecológica acendeu o sinal vermelho há muito tempo. Que "o mundo está em chamas", já dizia, ainda no século XVI, Teresa de Jesus, espanhola e freira carmelita, uma das três mulheres consideradas doutoras pela Igreja. O que acontece, todavia, é que do século XVI para cá o modo de produção industrial, os estilos de vida impostos pelo modelo capitalista e tecnocrático somente agravaram os problemas ambientais no planeta. "Não brinque com fogo", dizia a mamãe Leontina. Urgente se tornou interrompermos a espiral de autodestruição da humanidade e de todo o planeta.

Como assessor da Comissão Pastoral da Terra, de Comunidades Eclesiais de Base, e como militante de movimentos sociais do campo e da cidade, li com alegria a carta encíclica *Laudato Si'*. E dessas janelas tomo a liberdade de dialogar com

---

[*] Frei e padre da Ordem dos Carmelitas. Bacharel e licenciado em Filosofia pela UFPR, bacharel em Teologia, mestre em Exegese Bíblica, doutorando em Educação na FAE/UFMG. Assessor de CEBs, CPT, CEBI e SAB. E-mail: <gilvanderlm@gmail.com>; <www.freigilvander.blogspot.com.br>; <www.gilvander.org.br>.

os ensinamentos do Papa Francisco, ressaltando alguns posicionamentos dele e arriscando a assinalar algumas ausências e lacunas. É uma oportunidade para refletir acerca de outros pontos de vista e posturas a partir da práxis de movimentos sociais populares.

Com o auxílio dos omissos, dos cúmplices e dos coniventes, o capitalismo causou – e continua aprofundando – a maior crise ecológica de todos os tempos dos humanos sobre a face da terra. As mineradoras com suas máquinas pesadas, cada vez mais potentes, como dragões cuspindo fogo, dizimam milhões de nascentes d'água pelo mundo afora. Ao formar crateras, deixam a mãe Terra dilacerada. Grandes empresas do agronegócio ampliam as monoculturas de eucalipto, de soja, de café, de cana... e, assim, deixam um rastro de destruição nunca antes visto. O esgotamento dos solos férteis é um risco para a segurança e soberania alimentar da humanidade. Megaempresas do hidronegócio transformaram a água em mercadoria. Um litro de água em alguns lugares, como aeroportos, custa um absurdo.

Nesse contexto dramático, que interpela a consciência de todas as pessoas de boa vontade, faz-se necessário resgatar a profecia do Concílio Vaticano II e da opção da Igreja pelos pobres e pelos jovens, opção da Igreja afrolatíndia. Imprescindível ouvirmos os clamores de todos os injustiçados, entre os quais a Terra, as nascentes de águas e toda a biodiversidade. Não podemos tardar mais em levar a sério o testemunho e os ensinamentos do Papa Francisco na exortação apostólica *A Alegria do Evangelho [Evangelii Gaudium]*, no seu *Discurso aos Movimentos Sociais* na Bolívia e na carta encíclica *Laudato Si'* – Sobre o cuidado da casa comum.

1. A dimensão social da fé em A Alegria do Evangelho

O Capítulo IV de *A Alegria do Evangelho* trata justamente da Dimensão Social e econômica da fé cristã. Prestemos atenção a algumas afirmações do Papa Francisco:

[...] se esta dimensão [social] não for devidamente explicitada, corre-se sempre o risco de desfigurar o sentido autêntico e integral da missão evangelizadora (176).

[...] prefiro uma Igreja acidentada, ferida e enlameada por ter saído pelas estradas, a uma Igreja enferma pelo fechamento e a comodidade de se agarrar às próprias seguranças. Não quero uma Igreja preocupada com ser o centro, e que acaba presa num emaranhado de obsessões e procedimentos (49).

Além de ser pobre e para os pobres, a Igreja desejada por Francisco é corajosa ao denunciar o atual sistema econômico, "injusto na sua raiz" (EG 59). Como disse São João Paulo II, a Igreja "não pode nem deve ficar à margem na luta pela justiça" (EG 183). "Saiam!" é a essência da mensagem que o Papa Francisco envia aos bispos, padres e membros das comunidades cristãs. Saiam das suas cômodas estruturas eclesiais burguesas e do caloroso círculo dos convencidos, anunciem o Evangelho às periferias das cidades, aos marginalizados pela sociedade, aos pobres, aos injustiçados!

Às questões sociais o Papa Francisco dedica dois dos cinco capítulos da exortação apostólica *A Alegria do Evangelho*, o segundo e o quarto. Critica o "fetichismo do dinheiro" e "a ditadura de uma economia sem rosto e sem um objetivo verdadeiramente humano", versão nova e implacável da "adoração do antigo bezerro de ouro". Ele critica o atual sistema econômico: "esta economia que mata" porque prevalece a "lei do mais forte". Ele se opõe à cultura do "ser humano descartável" que criou "algo novo" e dramático: "Os excluídos não são 'explorados', mas resíduos, 'sobras'" (EG 53). Enquanto os problemas dos pobres não forem radicalmente resolvidos, para isso renunciando "à autonomia absoluta dos mercados e da especulação financeira e atacando as causas estruturais da desigualdade social", insiste, "não se resolverão os problemas do mundo e, em definitivo, problema algum". E indica que as raízes dos males sociais estão na "desigualdade social".

A Igreja não deve ficar indiferente a tais injustiças. "A economia não pode mais recorrer a remédios que são um novo veneno, como quando se pretende aumentar a rentabilidade reduzindo o mercado de trabalho e criando assim novos excluídos" (EG 204). O Papa Francisco dedica páginas à denúncia da "nova tirania invisível, às vezes virtual" em que vivemos, um "mercado divinizado", onde reinam a "especulação financeira", a "corrupção ramificada", a "evasão fiscal egoísta" (56).

2. O Papa Francisco de mãos dadas com os movimentos sociais

É eloquente o Papa Francisco iniciar a carta encíclica *Laudato Si'* exclamando: "Louvado sejas, meu Senhor", invocando o Cântico das Criaturas, cantado por Francisco de Assis. Por vários motivos: primeiro, porque "Louvado sejas", dito diante do planeta Terra, com sua biodiversidade, revela admiração e encanto pela natureza que nos envolve e da qual fazemos parte. Segundo, pedagogicamente é mais promissor conclamar para o compromisso com a defesa da nossa única casa comum a partir do encantamento e da beleza e não a partir do medo e da insegurança, que despertam tantas mazelas socioambientais.

Uma convicção profunda permeia toda a encíclica *Laudato Si'*, convicção que o Papa Francisco, carinhosamente, propõe a todas as pessoas de boa vontade: "Visto que todas as criaturas estão interligadas, deve ser reconhecido com carinho e admiração o valor de cada uma, e todos nós, seres criados, precisamos uns dos outros" (42). Isso mesmo: nós, humanos, somos os que mais dependem de todos os outros seres. Logo, é estupidez o antropocentrismo que exalta individualmente o ser humano, abrindo espaço para o sistema pisar, violentar e assassinar tantos seres vivos.

O Papa Francisco adverte já no segundo parágrafo: "[...] entre os pobres mais abandonados e *maltratados*, conta-se a nossa terra *oprimida e devastada*, que 'geme e sofre as dores do parto' (Rm 8,22). Esquecemo-nos de que *nós mesmos somos terra* (cf. Gn 2,7)" (2). Ninguém deve ficar indiferente. "[...] à vista da deterioração global do ambiente, quero dirigir-me a cada pessoa que habita neste planeta [...] Nesta encíclica, pretendo especialmente entrar em diálogo com todos acerca da nossa casa comum" (3).

Que nada nos seja indiferente! Que beleza ver o Papa Francisco olhando para além dos muros da Igreja Católica e conclamando ao diálogo todas as pessoas crentes ou não, todas as Igrejas, todas as religiões. E certo diálogo com todos os seres vivos da Terra, acrescentamos.

Ao longo da encíclica *Laudato Si'* o Papa Francisco inúmeras vezes se refere a "ser humano", "nosso comportamento irresponsável", "os seres humanos que destroem a biodiversidade" (8), "a humanidade", "atividade humana", e a termos similares, para de alguma forma responsabilizar a todos pela gravidade da crise ecológica. Aqui, da perspectiva dos movimentos sociais e das ciências sociais críticas ao capitalismo, é imprescindível ponderar a existência de grupos sociais com interesses antagônicos e contraditórios. Os principais responsáveis pela devastação socioambiental são a classe dominante, os que detêm o poder econômico e político na sociedade. As classes populares não estão isentas de responsabilidade socioambiental vigente, mas são muito mais vítimas do que algozes nos crimes socioambientais que ora estão sendo perpetrados. Nesse ponto o Papa Francisco foi mais contundente no *Discurso aos Movimentos Sociais* na Bolívia em junho de 2015.

Que bom ouvir do Papa:

[...] Francisco é o exemplo por excelência do cuidado pelo que é frágil e por uma ecologia integral, vivida com alegria e autenticidade [...] Nele se nota até que ponto são inseparáveis a preocupação pela natureza, a justiça para com os pobres, o empenhamento na sociedade e a paz interior (10).

Para o Chico de Assis, qualquer criatura era uma irmã, inclusive a morte.

Além de resgatar os ensinamentos e o testemunho libertador de Francisco de Assis, é indispensável cultivarmos a memória dos(as) mártires e lutadores(as) por justiça socioambiental, como Chico Mendes; Zé Maria Tomé da Chapada do Apodi, mártir da luta contra os agrotóxicos; Francisco Anselmo, mártir da luta contra a instalação de usinas de álcool e açúcar no Pantanal; José Cláudio Ribeiro e Maria do Espírito Santo, casal de militantes socioambientalistas do Pará, mortos por madeireiros; Augusto Ruschi e muitos(as) outros(as).

"Francisco pedia que, no convento, se deixasse sempre uma parte do horto por cultivar, para aí crescerem as ervas silvestres" (12). Ao resgatar essa perspectiva agroecológica do Chico de Assis, o papa nos dá o ensejo de dizer que sem agroecologia não há salvação para a humanidade. O agronegócio, antiecológico, com o uso indiscriminado e criminoso de agrotóxico, está envenenando a comida do povo.[1]

3. Uma luta complexa

O Papa Francisco está preocupado em "unir toda a família humana na busca de um desenvolvimento sustentável e integral" (13). Mas temos de alertar: a categoria "desenvolvimento sustentável", no início, parecia apontar para uma alternativa emancipatória. No entanto, há muito tempo essa categoria foi absorvida pelas empresas e tornou-se uma peça de propaganda enganosa. *Strictu sensu*, falar em desenvolvimento sustentável é contraditório, pois "desenvolvimento" implica crescer economicamente, progresso, o que necessariamente terá de consumir bens naturais. E "sustentável" é uma categoria da área da ecologia e implica garantir a continuidade dos ciclos de matéria e energia, para as gerações presentes e futuras. Logo, ou se desenvolve e cresce economicamente ou se busca alternativas para garantir a sustentabilidade ecológica. Diante da agudização da crise ecológica, o ético e sensato seria manter a "comunidade de vida" do planeta. Isso também por responsabilidade geracional. O próprio Papa Francisco adverte na encíclica:

---

[1] Cf. no Youtube os documentários de Sílvio Tendler *O veneno está na mesa, I e II*.

Não é suficiente conciliar, a meio-termo, o cuidado da natureza com o ganho financeiro, ou a preservação do meio ambiente com o progresso. Neste campo, os meios-termos são apenas um pequeno adiamento do colapso. [...] o discurso do crescimento sustentável torna-se um diversivo [tergiversação] e um meio de justificação que absorve valores do discurso ecologista, dentro da lógica da finança e da tecnocracia, e a responsabilidade social e ambiental das empresas se reduz, na maior parte dos casos, a uma série de ações de publicidade e imagem (194).

Na perspectiva dos movimentos sociais transformadores, são inaceitáveis os discursos e as práticas que dizem: "Precisamos conciliar desenvolvimento com preservação ambiental", "urge adequar os projetos mitigando os impactos socioambientais", "temos de adequar os grandes projetos dentro das normas ambientais". Busca-se dourar a pílula criando uma fachada de preocupação socioambiental para viabilizar a continuidade da máquina de moer vidas. As megaempresas são geridas por executivos que, amarrados no mastro no navio, ouvem e se deleitam com o canto da sereia do capital. De outro lado, seguem os trabalhadores amarrados, (em)pregados nos seus postos de trabalho, sem ter outra alternativa de vida, sustentando o sistema a troco de quase nada.

"A contínua aceleração das mudanças na humanidade e no planeta junta-se, hoje, à intensificação dos ritmos de vida e trabalho" (18). O produtivismo, o trabalho por metas, a intensificação do ritmo de trabalho, a produção o mais rápido possível, a terceirização e a precarização das condições de trabalho estão desumanizando milhões de pessoas. Aumenta-se assustadoramente o número de adoecimentos por trabalho extenuante.

A poluição afeta a todos, causada pelo transporte, pela fumaça da indústria, pelas descargas de substâncias que contribuem para a acidificação do solo e da água, pelos fertilizantes, inseticidas, fungicidas, pesticidas e agrotóxicos em geral [...]. A tecnologia, ligada à finança, é incapaz de ver o mistério das múltiplas reações que existem entre as coisas e, por isso, às vezes resolve um problema criando outros (20).

Não é apenas uma questão de incapacidade. A tecnologia não é neutra. Ela está, salvo exceções, subserviente aos interesses dos grandes conglomerados econômicos. Logo, a raiz reside no capital que usa a tecnologia para oprimir. A tecnologia resolve um problema, mas cria outras grades, que prenderão muita gente.

Os defensores da "sociedade de mercado" exaltam o crescimento econômico com constante aumento da produção de mercadorias, como se isso fosse caminho para a felicidade de todos. O que escondem é que "produzem-se anualmente centenas de milhões de toneladas de resíduos altamente tóxicos e radioativos. A Terra, nossa casa única e comum, parece transformar-se cada vez mais em um imenso depósito de lixo" (21). Ora, quanto mais o capitalismo se desenvolve mais concentra riquezas e devasta socioambientalmente o planeta.

Urge superar a cultura do descartável, construindo uma sociedade sustentável. "Ainda não se conseguiu adotar um modelo circular de produção que assegure recursos para todos e para as gerações futuras e que exige limitar, o mais possível, o uso dos recursos não renováveis" (22). Precisamos desacelerar a máquina de moer vidas. É hora de dar mais valor à nossa casa comum e aos bens naturais, que não são apenas "recursos naturais", assim vistos quando reduzidos ao aspecto estritamente econômico.

4. Mudanças climáticas e outras questões

Estamos perante um preocupante aquecimento do sistema climático. [...] devido à alta concentração de gazes com efeito de estufa (anidrido carbônico, metano, óxido de azoto e outros) (23). O aquecimento influi no ciclo do carbono. Cria um ciclo vicioso que agrava ainda mais a situação e que incidirá sobre a disponibilidade de bens essenciais como a água potável [...] a perda das florestas tropicais piora a situação, pois estas ajudam a mitigar a mudança climática [...] A subida do nível do mar pode criar situações de extrema gravidade, se se considerar que um quarto da população mundial vive à beira-mar (24).

Que bom que o Papa Francisco ecoe esses alertas que vêm sendo feitos por milhares de cientistas e experimentados por milhões de pessoas no mundo!

Está ocorrendo um aumento assustador dos impactos ambientais. Os atingidos por grandes projetos de mineração, de barragens e de hidroelétricas alertam: eles não são apenas atingidos, mas massacrados. Escondendo-se por detrás da capa de combustível limpo, as grandes empresas da monocultura de cana-de-açúcar submetem milhares de pessoas a trabalho exaustivo, dizimam nascentes e devastam a saúde de milhões de pessoas com as nuvens de fumaça dos canaviais invadindo as cidades. Mais: alguns projetos de energia eólica, considerada como energia limpa, estão causando impactos socioambientais em vários estados do Nordeste brasileiro.

Anima-nos muito na luta ver o Papa Francisco se posicionar, denunciando a privatização das águas e a restrição do seu acesso aos empobrecidos:

Enquanto a qualidade da água disponível piora constantemente, em alguns lugares cresce a tendência para se privatizar esse recurso escasso, tornando-se uma mercadoria sujeita às leis do mercado divinizado. Na realidade, o acesso à água potável e segura é um direito humano essencial, fundamental e universal, porque determina a sobrevivência das pessoas e, portanto, é condição para o exercício dos outros direitos humanos. Este mundo tem uma grave dívida social para com os pobres que não têm acesso à água potável, porque isto é negar-lhes o direito à vida, radicado na sua dignidade inalienável (30).

Vários movimentos sociais e ambientais denunciam constantemente a destruição dos nossos biomas, como o Cerrado, a Amazônia, o Pantanal, os Pampas, a Caatinga e a Mata Atlântica, com a consequente perda de biodiversidade. Francisco também assume esta causa com vigor:

> A perda de florestas e bosques implica simultaneamente a perda de espécies que poderiam constituir, no futuro, recursos extremamente importantes não só para a alimentação, mas também para a cura de doenças e vários serviços (32).
> Anualmente, desaparecem milhares de espécies vegetais e animais (33).

Há um problema que está na luta cotidiana dos movimentos sociais, e que o papa abordou com clareza. Os estudos de impactos ambientais dos grandes projetos de interesse do capital, realizados pelas empresas, geralmente são "para inglês ver". Subestimam drasticamente os impactos sociais, econômicos e ambientais que acontecerão e exaltam os pretensos benefícios "sociais". As comunidades vistas como indiretamente afetadas normalmente são desconsideradas. Muitos dos afetados diretamente são excluídos e a cantilena mentirosa se repete à exaustão: "Geraremos muitos empregos e desenvolvimento para a região". Dizem, mas não é assim que acontece. Todos nós somos afetados de alguma maneira pelos impactos socioambientais negativos.

Quando se analisa o impacto ambiental de qualquer iniciativa econômica, costuma-se olhar para os seus efeitos no solo, na água e no ar, mas nem sempre se inclui um estudo cuidadoso do impacto na biodiversidade, como se a perda de algumas espécies ou de grupos animais ou vegetais fosse algo de pouca relevância (35).

Outro problema socioambiental, que atinge uma imensa área do Brasil e é normalmente ignorado, consiste na lenta perda de qualidade dos nossos mares e oceanos. Francisco alerta:

> Os oceanos contêm não só a maior parte da água do planeta, mas também a maior parte da vasta variedade dos seres vivos [...] (40). Passando aos mares tropicais e subtropicais, encontramos os recifes de coral, que equivalem às grandes florestas da terra firme, porque abrigam cerca de um milhão de espécies, incluindo peixes, caranguejos, moluscos, esponjas, algas e outras. Hoje, muitos dos recifes de coral no mundo já são estéreis ou encontram-se num estado contínuo de declínio (41).

"Quem transformou o maravilhoso mundo marinho em cemitérios subaquáticos despojados de vida e de cor?" (41), interpela-nos o Papa Francisco, citando *Carta Pastoral dos Bispos das Filipinas*. Eh! Olhando de longe o mar, só se vê muita água. Mas, se observarmos de perto, descobriremos que os oceanos e os mares são grandes berços de vida. Infelizmente, vêm sendo irresponsavelmente envenenados pelo lixo de todo tipo.

Uma importante bandeira dos movimentos populares, amplamente defendida no nosso continente latino-americano, diz respeito à segurança e à soberania alimentar. Ou seja, os mecanismos para produzir e distribuir alimentos, de forma justa, saudável e ecologicamente sustentável. Também dessa questão se ocupa a *Laudato Si'*. Denuncia que "se desperdiça aproximadamente um terço dos alimentos produzidos", e "a comida que se desperdiça é como se fosse roubada da mesa do pobre" (50). O problema de fundo não é a falta de alimentos, mas a concentração dos alimentos que impede sua socialização. No capitalismo, alimento é considerado como mercadoria, não um direito humano fundamental. Outro problema: produz-se em quantidade cada vez maior, mas com a qualidade cada vez menor. Ou seja, com o uso indiscriminado de agrotóxico, a alimentação está cada vez mais envenenada. Enfim, a comida desperdiçada e envenenada furta dos pobres a saúde e o bem-estar.

O papa assume, na encíclica *Laudato Si'*, o que disseram os bispos do Paraguai na carta pastoral *El campesino paraguayo y la tierra*, de 1983:

> Cada camponês tem direito natural de possuir um lote razoável de terra, onde possa gozar de segurança existencial. Este direito deve ser de tal forma garantido que o seu exercício não seja ilusório, mas real. Isto significa que, além do título de propriedade, o camponês deve contar com meios de formação técnica, empréstimos, seguros e acesso ao mercado (94).

O Papa Francisco apoia a agricultura familiar e critica o agronegócio como um causador do êxodo rural ao dizer:

> [...] Há uma grande variedade de sistemas alimentares rurais de pequena escala que continuam alimentando a maior parte da população mundial, utilizando uma porção reduzida de terreno e água e produzindo menos resíduos, quer em pequenas parcelas

agrícolas e hortas, quer na caça e coleta de produtos silvestres, quer na pesca artesanal. As economias de larga escala, especialmente no setor agrícola, acabam forçando os pequenos agricultores a vender as suas terras ou a abandonar as suas culturas tradicionais. (129)

Respaldando o documento *Uma terra para todos*, dos bispos da Argentina, de 2005, o Papa Francisco questiona o uso de sementes e produtos transgênicos ao afirmar:

> Em muitos lugares, na sequência da introdução das culturas transgênicas, constata-se uma concentração de terras produtivas nas mãos de poucos, devido ao "progressivo desaparecimento de pequenos produtores, que, em consequência da perda das terras cultivadas, se viram obrigados a retirar-se da produção direta" (134).

Francisco denuncia a desigualdade planetária. Citando a *Carta Pastoral dos Bispos da Bolívia*, afirma: "[...] tanto a experiência comum da vida cotidiana como a investigação científica demonstram que os efeitos mais graves de todas as agressões ambientais recaem sobre as pessoas mais pobres" (48).

Em uma sociedade onde os pretensos valores do sistema – individualismo, competição, egocentrismo e acumulação – são trombeteados aos quatro ventos, todo mundo de alguma forma agride o meio ambiente. Mas os principais devastadores socioambientais são os que movimentam "as grandes máquinas do mercado", que como dragões vão cuspindo fogo e deixando um rastro de devastação por onde passam. Nesse sentido, "uma verdadeira abordagem ecológica sempre se torna uma abordagem social, que deve integrar a justiça nos debates sobre o meio ambiente, para ouvir tanto o clamor da terra como o clamor dos pobres" (49).

Ora, a justiça socioambiental implica justiça agrária, urbana e social. E conquistaremos isso com lutas coletivas por terra, por moradia digna, por direitos fundamentais humanos. Como luz, fermento e sal, os(as) militantes dos movimentos sociais estão comprometidos(as) de forma abnegada nessas causas.

5. Ouvindo o grito dos pobres e o grito da terra

"Os gemidos da irmã terra se unem aos gemidos dos abandonados do mundo, com um lamento que reclama de nós outro rumo" (53). Gemidos que se tornam, cada vez mais, clamores ensurdecedores. Qual rumo seguir? Com sabedoria, o Papa Francisco pondera: "[...] as soluções não podem vir de uma única maneira de interpretar e transformar a realidade. É necessário recorrer também às diversas riquezas culturais dos povos, à arte e à poesia, à vida interior e à espiritualidade" (63). Sim, lutas coletivas são imprescindíveis, mas junto com o cultivo das artes e culturas populares, da música, e o desenvolvimento de uma mística libertadora.

Diz o Papa Francisco:

> [...] a narração do Gênesis, que convida a dominar a terra (cf. Gn 1,28), apresentando uma imagem do ser humano como dominador e devastador, não é uma interpretação correta da Bíblia [...] É importante ler os textos no seu contexto, com uma justa hermenêutica, e lembrar que eles nos convidam a "cultivar e guardar" o jardim do mundo (cf. Gn 2,15) (67).
>
> [...] a Bíblia não dá lugar a um antropocentrismo despótico, que se desinteressa das outras criaturas (68).

Arrisco-me a dizer que a Bíblia não referenda nenhuma forma de antropocentrismo.

Francisco reafirma um princípio inarredável do Ensinamento Social da Igreja: o destino comum dos bens.

A tradição cristã nunca reconheceu como absoluto ou intocável o direito à propriedade privada, e salientou a função social de qualquer forma de propriedade privada. [...] sobre toda a propriedade particular pesa sempre uma hipoteca social, para que os bens sirvam ao destino geral que Deus lhes deu (93).

Com os bispos da Nova Zelândia, o papa pergunta "que significado tem o mandamento 'não matarás' quando uns vinte por cento da população mundial consomem recursos numa medida tal que roubam às nações pobres, e às gerações futuras, aquilo de que necessitam para sobreviver?" (95). Isso nos leva a recordar o Decálogo bíblico (Ex 20,1-17), que ao longo da história foi reduzido aos "Dez Mandamentos". O Decálogo não se dirige apenas a pessoas individualizadas, mas a todo o povo, à sociedade inteira. Logo, não são apenas as pessoas que não podem matar, roubar ou adulterar. É a sociedade, o Estado, as empresas e as instituições que não podem matar, nem direta nem indiretamente. Assim, o Decálogo constitui princípios da constituição de um povo em marcha de libertação, à luz da fé.

Os movimentos sociais têm claro que é insuficiente alertar para cada um(a) aderir a um estilo de vida simples e austero e fazer "sua parte". É preciso "derrubar do trono os poderosos e elevar os humildes" (Lc 1,52), o que se fará com lutas coletivas de resistência e ensaios de propostas transformadoras. Urge amar os injustiçados colocando-nos ao lado deles, para com eles e a partir deles lutarmos pelos seus direitos sociais negados. É urgente amarmos os opressores fazendo o possível para retirarmos das suas mãos as armas da opressão.

Muitos daqueles que detêm mais recursos e poder econômico ou político parecem concentrar-se, sobretudo, em mascarar os problemas ou ocultar os seus sintomas, procurando apenas reduzir alguns impactos negativos de mudanças climáticas [...] tornou-se urgente e imperioso o desenvolvimento de políticas capazes de fazer com que, nos próximos anos, a emissão de anidrido carbônico e outros gases altamente poluentes se reduza drasticamente, por exemplo, substituindo os combustíveis fósseis e desenvolvendo fontes de energia renovável (26).

6. A opressão que vem da tecnocracia

O Papa Francisco aponta a tecnocracia como raiz humana da crise ecológica; o governo com decisões ancoradas em argumentos "técnicos", que não são neutros nem somente científicos. Diz ele: "A humanidade entrou em uma nova era em que o poder da tecnologia nos põe diante de uma encruzilhada. Somos herdeiros de dois séculos de ondas enormes de mudanças [...]" (102). Mas os avanços tecnológicos não têm sido democratizados. Ao contrário, têm fortalecido as desigualdades sociais, aumentando o abismo entre enriquecidos e empobrecidos. O papa pergunta: "Poder-se-á negar a beleza de um avião ou de alguns arranha-céus?" (103). São exuberantes, sim, mas não podemos esquecer que grande parte da população continua excluída de acessar os aviões e muitos arranha-céus são catedrais do mercado idolatrado.

Francisco denuncia a falta de democratização do paradigma tecnocrático:

> Os produtos da técnica não são neutros, porque criam uma trama que acaba condicionando os estilos de vida e orientam as possibilidades sociais na linha dos interesses de determinados grupos de poder. Certas opções, que parecem puramente instrumentais, na

realidade são opções sobre o tipo de vida social que se pretende desenvolver (107).

Sim, a técnica cria consumidores, despertando desejos e necessidades artificiais.

O papa advoga no sentido de "limitar a técnica, orientá-la e colocá-la ao serviço de outro tipo de progresso, mais saudável, mais humano, mais social, mais integral" (112). Ora, o rumo emancipatório parece exigir mais do que limitar o desempenho atual e buscar outro tipo de progresso. Sugerimos ainda: acreditar, fomentar e desenvolver técnicas populares, fruto da sabedoria das populações tradicionais, como as alternativas camponesas de convivência com o semiárido. O atual modelo de progresso não é saudável nem humano, nem social, nem integral. É, sim, doentio, desumano, egocêntrico e desintegrador do tecido social. Não dá para remendar; é preciso uma mudança radical.

7. Nem antropocentrismo nem biocentrismo

Ao alertar para o risco de considerar a pessoa humana apenas mais um ser entre outros, o Papa Francisco diz que um antropocentrismo desordenado não deve necessariamente ser substituído por um "biocentrismo" (118). Recair em um biocentrismo será certamente um problema. Mas todo e qualquer tipo de antropocentrismo é problema, pois hierarquiza as relações entre os humanos e outros seres vivos. Essa hierarquização pavimenta o caminho para estruturação de poder-dominação, o que implementa violência sem fim.

O papa não esquece a importância de uma ecologia cultural. Afirma:

O desaparecimento de uma cultura pode ser tanto ou mais grave do que o desaparecimento de uma espécie animal ou vegetal. A imposição de um estilo hegemônico de vida ligado a um modo de produção pode ser tão nociva como a alteração dos ecossistemas (145).

Para orientar nossa ação conjunta, Francisco reconhece que sobre a crise ecológica todas as pessoas têm responsabilidades, mas diferenciadas. Com os bispos da Bolívia, assevera: "Os países que foram beneficiados por um alto grau de industrialização, à custa de uma enorme emissão de gases com efeito de estufa, têm maior responsabilidade em contribuir para a solução dos problemas que causaram" (170). Tem sim, mas se não forem pressionados pelos(as) cidadãos(ãs) e pelos movimentos sociais os países que acumularam riquezas e poder jamais irão descer do pedestal voluntariamente, pois o poder político que os governa está em grande parte no comando do grande capital transnacional (cf. 175). Solidariedade todo mundo pode fazer, mas lutar por justiça implica contrariar interesses de quem está no poder. Poucos se atrevem a fazer isso. Por isso é preciso opção pelos pobres, o que implica revelar conflitos e lutar para superá-los de forma justa.

Ao pugnar por diálogo e transparência nos processos decisórios, o Papa Francisco propõe:

> Em qualquer discussão sobre um empreendimento, dever-se-á pôr uma série de perguntas, para poder discernir se este levará a um desenvolvimento verdadeiramente integral: Para que fim? Por qual motivo? Onde? Quando? De que maneira? A quem ajuda? Quais são os riscos? A que preço? Quem paga as despesas e como o fará?" (185).

Bastante lúcido, o papa pergunta: "Será realista esperar que quem está obcecado com a maximização dos lucros se detenha para considerar os efeitos ambientais que deixará às próximas gerações?" (190). Óbvio que não. Para evitarmos o apocalipse que está sendo engendrado pelo mercado, as mudanças necessárias virão a partir da luta coletiva e permanente dos injustiçados, ou não virão.

Francisco nos motiva a educar para a aliança entre a humanidade e o ambiente com pequenas ações diárias, em um estilo de vida simples, humilde e sóbrio. Diz ele que isso passa por

> evitar o uso de plástico e papel, reduzir o consumo de água, separar o lixo, cozinhar apenas aquilo que razoavelmente se poderá comer, tratar com desvelo os outros seres vivos, servir-se dos transportes públicos ou partilhar o mesmo veículo com várias pessoas, plantar árvores, apagar as luzes desnecessárias... (211).

Apontando para a necessidade de encarnarmos um estilo de vida simples, humilde e austero, o papa denuncia a falta de liberdade na sociedade do mercado divinizado:

> [...] o mercado tende a criar um mecanismo consumista compulsivo para vender os seus produtos, as pessoas acabam sendo arrastadas pelo turbilhão de compras e gastos supérfluos. O consumismo obsessivo é o reflexo subjetivo do paradigma tecnoeconômico [...]. O referido paradigma faz crer a todos que são livres, pois conservam uma suposta liberdade de consumir, quando na realidade apenas a minoria que detém o poder econômico e financeiro possui a liberdade (203).

Exatamente. Se não há liberdade real para a maioria, não há Estado Democrático de Direito nem democracia efetiva.

Como um abnegado humanista e semeador de utopia que nos faz caminhar e lutar, Francisco afirma:

> [...] atrevo-me a propor de novo o desafio considerável da Carta da Terra, de 2000: "Como nunca antes na história, o destino comum obriga-nos a procurar um novo início [...]. Que o nosso seja um tempo que se recorde pelo despertar de uma nova reverência diante da vida, pela firme resolução de alcançar a sustentabilidade, pela intensificação da luta em prol da justiça e da paz e pela jubilosa celebração da vida" (207).

8. Enfim, a luta continua. E o diálogo também

Há muitas outras afirmações, reflexões e posicionamentos do Papa Francisco na encíclica *Laudato Si'* que merecem ser ressaltados, comentados e difundidos. Existem também alguns pontos que, lendo na perspectiva dos movimentos sociais, exigem ampliação, aprofundamento ou mudança.

Ficamos por aqui, com profundo sentimento de gratidão, admiração, respeito e alegria por termos guiando a Igreja Católica o Papa Francisco: uma pessoa mística, profética, fraterna e terna. Para ele, bom pastor e profeta, "tiramos o chapéu"!

16

Laudato Si' – Pistas pastorais para conhecer e colocar em prática

*Afonso Murad**

Introdução

Quando o(a) peregrino(a) está num grande santuário, como Aparecida, além de rezar diante da "imagem da santa" e participar da missa percorre capelas e outros cantinhos, contempla as pinturas e esculturas, caminha na área externa, visita as lojinhas, alimenta-se, ou ainda senta-se debaixo das árvores para se abrigar do sol e descansar. Se alguém visita uma cidade histórica, como Ouro Preto, sobe e desce as ladeiras, olha os casarões, entra nas igrejas, prova a saborosa comida mineira, senta-se na praça, admira o artesanato de pedra-sabão. Diferentemente de outras culturas, o(a) brasileiro(a) não costuma usar mapas ou roteiros para percorrer santuários ou cidades. Por vezes, esses instrumentais são importantes para a gente se guiar e desfrutar com mais conhecimento e profundidade da experiência de peregrino ou enriquecer nosso horizonte cultural. Mas um mapa

---

* Doutor em Teologia (Universidade Gregoriana). Pastoralista e educador. Pesquisador em Ecoteologia. Professor da Faculdade Jesuíta e do ISTA, em Belo Horizonte. Bolsista do CNPq – Brasil. Obras principais: *Maria, toda de Deus e tão humana* (Paulinas); *Gestão e espiritualidade* (Paulinas); *Introdução à teologia*, com João Batista Libanio (Loyola).

não substitui a prática de descobrir, contemplar, rezar, comer, divertir-se ou descansar.

Assim também acontece com a leitura e a prática cristã que decorre de um documento eclesial, como a encíclica *Laudato Si'*. As chaves de leitura que apresentamos nos capítulos anteriores são como um mapa, um roteiro ou aquelas "dicas" que se busca na internet. Ora, a gente se torna peregrino quando chega ao santuário. Conhece uma cidade ou região quando caminha, vê, sente os odores, conversa com as pessoas e faz suas próprias fotos. A grande tarefa que se põe agora consiste em introduzir as pessoas para conhecer a *Laudato Si'* e colocar em prática a sua proposta.

Quem organiza excursões ou peregrinações (e às vezes ambas fazem parte do mesmo "pacote") coloca uma pergunta prévia: "A quem se destina?". Ora, o conteúdo e a forma estão intimamente ligados ao tipo do público-alvo. Uma peregrinação para a terceira idade requer escolha de locais e uma programação próprias, diferente daquela dirigida a um grupo de jovens. De maneira semelhante, tal questão orienta bispos, presbíteros, religiosos(as) e outros agentes de pastoral quando introduzem os cristãos no conhecimento e na vivência da mensagem da *Laudato Si'*. O importante é ajudar as pessoas e os grupos a realizarem uma "fusão de horizontes" da sua experiência pessoal e comunitária com o texto inspirador. E a partir daí alargar sua visão de mundo, enriquecer a espiritualidade e suscitar práticas transformadoras. Isso requer o conhecimento específico de determinado grupo, com suas características de faixa etária, cultura local, interesses, tipo de religiosidade predominante e experiências de vida.

Apresentaremos aqui uma sugestão de trabalho com a encíclica, dirigida a grupos eclesiais, pastorais e movimentos *de adultos em paróquia urbana*. Esse recorte também é amplo. Deve-se levar em conta vários fatores do público-alvo concreto, como acesso à leitura, condição social, prática de trabalho em grupo etc.

Deixamos claro: não se trata de um roteiro pronto, mas de pistas para suscitar a criatividade local. Esperamos que se tomem iniciativas semelhantes com os(as) catequistas e as crianças, os jovens, os movimentos, as pastorais específicas, especialmente as pastorais sociais.

1. O caminho da aprendizagem: conteúdo e metodologia

O Papa Francisco insiste que o "cuidado com a casa comum" compreende ao mesmo tempo as atitudes individuais (ecologia do cotidiano) e a prática do "amor civil e político" (LS 228-231). Por vezes, é difícil realizar as duas dimensões. No momento, há um descrédito quanto à luta de grupos organizados para garantir políticas públicas justas e sustentáveis. Além disso, nos últimos anos desenvolveu-se na Igreja uma espiritualidade muito subjetiva e centrada em práticas religiosas (piedade e liturgia), em detrimento da ética. Sem contar a crescente influência do Pentecostalismo, fascinado por milagres e experiência religiosa emocional, mas avessa à reflexão. Nesse contexto, deve-se valorizar o louvor e partir da subjetividade. Por isso colocamos como primeiro tema o louvor pela criação e a referência a São Francisco.

Embora na Igreja se fale pouco sobre o cuidado com o planeta, existe uma sensibilidade crescente na sociedade para com esta questão. O tema é atraente e cria condições para suscitar novas lideranças eclesiais. Atrairá homens e mulheres que desejam contribuir com uma sociedade sustentável. Trará "novos ares" para a espiritualidade e a ética cristã.

A encíclica é dirigida não somente aos(às) católicos(as), mas também a cristãos de outras Igrejas, crentes de outras religiões e todos os homens e mulheres que são chamados a cuidar de nosso planeta. Propositalmente, a *Laudato Si'* tem poucos parágrafos explicitamente confessionais católicos, como as referências à Eucaristia (LS 236) e a Maria (LS 241). O texto do papa pretende ser uma Boa-Nova para a humanidade. Seria bom promover debates com fiéis de outras religiões, pesquisadores e membros de movimentos socioambientais. Isso exige uma metodologia diferente daquela que apresentamos aqui, voltada, sobretudo, a grupos que estão "dentro da Igreja".

Convém motivar as pessoas a conhecer o texto inteiro da encíclica e a meditar sobre seu conteúdo. Além da versão escrita, editada em várias editoras católicas, as pessoas podem usar o texto na internet, no *site* do Vaticano. Ele se encontra em língua portuguesa assim como é praticada em Portugal.

Francisco nos pede para mudar nossa *ecopercepção*. Isso significa: superar aquela ideia de que o meio ambiente está fora de nós, vencer o preconceito de que ecologia é assunto de radicais verdes. Em outras palavras, compreender que tudo está interligado, que fazemos parte da Terra, que a ecologia é muito mais do que preservação da natureza. Inclui a consciência social, a busca de qualidade de vida na cidade, a espiritualidade integradora, a sensibilidade para a beleza, a gratuidade na existência, a renúncia ao consumismo, a adoção de um modelo de vida simples e alegre. Enfim, deter a espiral de destruição do planeta e acreditar que a humanidade pode ser diferente.

Esta nova relação com a criação como um todo será alcançada também com uma metodologia que inclui os cinco sentidos (ver, tocar, cheirar, ouvir, sentir o gosto). Sugerimos que ao menos um encontro ou parte dele seja realizado num parque da cidade, em área de conservação, na beira do rio ou da praia, ou simplesmente embaixo de uma árvore. Somente nos sentiremos irmãs e irmãos das outras criaturas se nos aproximarmos delas conscientemente, experimentando, refletindo e rezando. Também podem ser úteis pequenos exercícios de autoconsciência e comunhão com a casa comum, como respirar, pisar e tocar na grama, molhar o rosto e o pescoço com a água fresca, fazer juntos e saborear uma bela salada com muitas cores.

É fundamental que o estudo da *Laudato Si'* se conclua com práticas concretas, perceptíveis, avaliáveis. A própria encíclica propõe algumas delas. Do ponto de vista das instituições eclesiais, como paróquias e escolas, é fundamental dar exemplos de práticas ambientais estimuladoras. Citamos aqui algumas: reutilização de água de chuva, substituição por lâmpadas econômicas, redução drástica do uso de material descartável, reutilização de produtos, separação e destinação do lixo seco para cooperativa de coletores. Isso se amplia com algumas iniciativas que partem do espaço eclesial e se destinam às famílias, tais como: incentivo à compostagem e horta/jardim de apartamento, oferecer mudas para replantio e cultivo de árvores frutíferas e do bioma local, centro para recolher e destinar à reciclagem o óleo de cozinha. Tais iniciativas devem ser realizadas em parceria com cooperativas, ONGs, empresas e poder público. Por vezes eles já realizam iniciativas louváveis. O incentivo da Igreja e a motivação da fé permitem que seus frutos se multipliquem.

Se você começa a conhecer uma cidade ou região com um tempo limitado, deve necessariamente priorizar o que verá. Ou confiar no seu guia, que fará isso por ele(a). Se vai a Salvador, seguramente será levado ao Pelourinho. Quem passa por Belém, visitará o mercado "Ver o peso". Em outra ocasião se deterá em outros pontos e fará seu próprio percurso. Impossível ver tudo de bom ao mesmo tempo. Assim também procederemos aqui. Escolhemos alguns temas e parágrafos da *Laudato Si'* que nos parecem imprescindíveis para entrar no documento. Propomos alguns encontros, que podem ser aumentados ou diminuídos, conforme a natureza do grupo.

Vale relembrar alguns princípios metodológicos, tendo em vista o público-alvo escolhido:

– Procure utilizar textos breves, na medida certa para seus interlocutores. Textos extensos, muitas citações da encíclica e longos comentários levam ao desinteresse pelo tema ou perda do foco. Para cada encontro propusemos alguns parágrafos da *Laudato Si'*. Mesmo assim, veja o que é mais apropriado para o seu grupo.

– Divida bem o tempo de cada encontro, de forma a incluir um momento de oração, o conhecimento de tópicos da encíclica e o confronto com a vida das pessoas. Conforme o tema, dediquem-se ao discernimento de ações práticas, em âmbito pessoal, familiar e comunitário.

- O estudo da *Laudato Si'* pode estar articulado com temas das Campanhas da Fraternidade que tratam de temas socioambientais.

- Conforme o público, interessante é utilizar música, clipe ou vídeo, como motivação. Nesse caso escolha o material que desperte a mente e o coração, e ajude a fazer a "fusão de horizontes". Evite filmes longos. Há bons vídeos na internet, especialmente para tratar de alguns temas dos capítulos I (Como anda nossa casa comum) e IV (Ecologia integral).

- Se você e seu grupo produzirem um material de uso coletivo (como texto, vídeo, música, desenhos, clipe), coloque-o na internet, no *site* da sua pastoral, movimento, paróquia ou diocese, de forma que outras pessoas no Brasil possam utilizá-lo. Compartilhe com seus amigos em redes sociais. Mande-nos também o *link* para colaborarmos na sua divulgação: murad4@hotmail.com.

- Colocamos à sua disposição algumas apresentações em *powerpoint* que estão no *blog* <ecologiaefe.blogspot.com>. Tenha a liberdade de modificar, reduzir ou ampliar.

- Também produzimos uma série de programas de rádio sobre a *Laudato Si'*, de seis minutos cada um, que estão disponíveis em <http://www.rcr.org.br/>, *site* da Rede Católica de Rádios (RCR), ou em <www.amigodaterra.com.br>. Divulgue na emissora da sua cidade. Utilize como subsídio de áudio para discussão e reflexão. Se você produziu algum programa ou entrevista em áudio, mande também para nós, no e-mail murad4@hotmail.com.

2. Um roteiro para os encontros

Seguem algumas sugestões com elementos básicos para encontros de reflexão, partilha e oração, a partir da *Laudato Si'*. Você encontrará os parágrafos selecionados e mais detalhes em: <ecologiaefe.blogspot.com> (buscar no índice: "Roteiros didáticos sobre a *Laudato Si'"*). Caso não seja viável realizar todos os encontros, escolha alguns deles. A ordem também pode ser alterada, conforme a realidade do grupo.

Sugerimos que um "encontro motivacional" seja realizado em um parque, bosque, área de conservação, ou qualquer outro espaço onde, antes de refletir, as pessoas exercitem seus sentidos (tocar, cheirar, ver, respirar, ouvir), percebendo-se como parte do meio ambiente. Ele visa aproximar-se do ecossistema com abertura para a admiração e o encanto, deixar falar a língua da fraternidade e da beleza (LS 11). Tal momento para estimular a sensibilidade e o encantamento pode estar associado ao primeiro encontro, ou não. Outra possibilidade consiste em criar um momento especial de celebração no meio do processo ou após terminar os encontros de reflexão.

1º) **Louvado seja, meu Senhor, por todas as suas criaturas**

Finalidade: (a) Agradecer a Deus pela beleza da criação; (b) Tomar conhecimento das motivações da encíclica; a quem ela se destina; suas grandes linhas, as convicções centrais, o mapa para percorrê-la (esquema dos capítulos); (c) Compreender porque Francisco de Assis é modelo do cuidado com a casa comum.

Canto: Cântico das Criaturas, de São Francisco

Começo de conversa: Qual a experiência mais forte que você viveu de sentir a beleza da criação?

Textos da encíclica:

1) O que é a encíclica *Laudato Si'* (LS)

- Faz parte do Ensino Social da Igreja. A LS foi escrita "para nos ajudar a reconhecer a grandeza, a urgência e a beleza do desafio que temos pela frente": cuidar da casa comum, a Terra (LS 15).
- Como Francisco e seus assessores organizaram a encíclica em seis capítulos (LS 15).
- A Terra é para nós como *a casa* onde habitamos com as outras criaturas, uma *irmã* com quem partilhamos a existência, uma boa *mãe* que nos acolhe nos seus braços (LS 1). Ela clama contra a violência que lhe provocamos. Esquecemos de que nós mesmos somos parte da Terra (LS 2).
- Francisco faz um grande apelo: unir toda a família humana na busca de um desenvolvimento sustentável e integral (LS 13).
- Eixos que perpassam toda a encíclica (LS 16).

2) São Francisco: exemplo do cuidado pelo que é frágil, por uma ecologia integral, vivida com alegria e autenticidade. Aquele que reconhece o planeta como um livro maravilhoso de Deus, que nos fala de sua bondade e beleza (LS 10-12).

Síntese: (em duplas, seguido de partilha para todo o grupo) O que você aprendeu no encontro de hoje e vai levar para sua vida?

Oração final: Cantar novamente o Cântico das Criaturas. Continuar o louvor espontaneamente, repetindo um refrão de agradecimento.

Textos complementares para leitura: artigos de Leonardo Boff e Francisco de Aquino Júnior neste livro.

2º) O que está acontecendo com a nossa casa

Finalidade: Fazer uma resenha das questões socioambientais que devem causar inquietação nos cristãos. Despertar a indignação. "Tomar consciência, ousar transformar em sofrimento pessoal aquilo que acontece ao mundo e, assim, reconhecer a contribuição que cada um lhe pode dar" (LS 18).

Canto: Oremos pela Terra (Padre Zezinho – CD *A vida em nossas mãos* – Paulinas. Disponível no *blog* <ecologiaefe.blogspot.com>).

Começo de conversa: Há um problema ambiental que você e sua família sentem "na pele"? Qual? Em sua opinião, quais são os principais problemas ambientais da sua cidade? E do nosso País?

Observações:
O Capítulo I é uma grande síntese das principais questões socioambientais do mundo. Impossível apresentar todos os aspectos numa única reunião de grupo. Seria bom escolher alguns temas, começando por aqueles que atingem mais de perto as pessoas de sua cidade e região. Não necessariamente na ordem proposta pelo documento. O importante é perceber que as questões socioambientais estão interligadas. Pode-se partir da grande questão global (mudanças climáticas), ou de um tema mais próximo, como água e resíduos.

Para grupos com visão profunda e crítica, convém mostrar as raízes dos problemas: o sistema de produção-consumo-descarte do mercado, que rompe com os ciclos de matéria e energia do planeta (LS 22); o poder econômico e financeiro que abandona a ética (LS 56).

Por fim, é bom ressaltar que já existem iniciativas positivas e formas de enfrentar algumas dessas questões (LS 58 e 180). Os problemas não podem gerar sensação de impotência ou de indiferença.

Esses temas podem ser abordados em forma de painel, no qual cada pessoa se ocupa de um tema, previamente escolhido, e o apresenta aos outros. Em outros casos, vale convidar pesquisadores ou membros de movimentos socioambientais para partilharem suas lutas em defesa do planeta. Ou, ainda, recorrer a pequenos vídeos da internet para provocar a reflexão.

Textos da encíclica:
Propomos os seguintes tópicos:
- Poluição e resíduos (LS 20-21);

- Mudanças climáticas e suas consequências (LS 25);
- Água (LS 28);
- Perda da biodiversidade (LS 32);
- Diminuição da qualidade de vida nas cidades (LS 44);
- Desigualdade planetária (LS 48);
- Respostas positivas à crise do planeta (LS 58 e 180).

Síntese: (em duplas, seguido de partilha para todo o grupo) O que você aprendeu no encontro de hoje e vai levar para sua vida?

Oração final: Oração pela nossa terra (ver LS 246a).[1]

Textos complementares para leitura: artigos de Frei Gilvander Moreira e Frei Rodrigo de C. A. Péret neste livro.

3º) O evangelho da criação

Finalidade: Superar uma concepção literal e estática da origem da Terra. Ampliar a visão cristã sobre a criação e a nossa responsabilidade para com ela. Perceber que a teologia da criação não está somente em Gn 1-2. Ela percorre toda a Bíblia, em estreita relação com a salvação.

Canto: Um salmo de louvor com a criação.

Começo de conversa: Levantar com o grupo os textos bíblicos *sobre a nossa relação* com a Terra. (A pergunta fará a diferença: não somente a respeito dos outros seres – água, solo, ar, plantas, pássaros, animais –, mas sim como eles participam conosco no projeto criador e salvador de Deus.)

Textos da encíclica:
- Narrações da criação: relação do humano com Deus, o próximo e a terra (LS 66);
- Releitura de Gn 1 e 2: de dominar para cuidar (LS 67);

---

[1] Em um mesmo parágrafo da *LS* por vezes há assuntos diferentes. Para efeito didático, colocamos a letra (a) ou (b) para indicar que o texto indicado se encontra no início ou no final do tópico citado. Tal letra não existe no documento.

- Caim e Abel: a terra clama (LS 70a);
- Noé: tudo está interligado (LS 70b). Basta um homem bom para haver esperança (LS 71a);
- Salmos e o louvor pela criação (LS 72);
- De "natureza" para "criação": a diferença (LS 76);
- Cada ser é importante. Tudo é carícia de Deus (LS 84);
- Uma comunhão universal: respeito sagrado, amoroso e humilde (LS 89);
- O olhar de Jesus de Nazaré (LS 97-98);
- Cristo glorificado e a Nova Criação (LS 100);
- Conclusões:

* "Tudo está relacionado e os seres humanos caminham juntos como irmãos e irmãs numa peregrinação maravilhosa, entrelaçados pelo amor que Deus tem a cada uma das suas criaturas e que nos une também, com terna afeição, ao irmão sol, à irmã lua, ao irmão rio e à mãe terra" (LS 92b).
* Essas convicções da nossa fé, a partir da Bíblia, provocam uma conversão ecológica (LS 221).

Síntese: (em duplas, seguido de partilha para todo o grupo) O que você aprendeu no encontro de hoje e vai levar para sua vida?

Oração final: Cantar outro salmo de louvor com a criação. Continuar com uma oração espontânea.

Texto complementar para leitura: artigo de Marcelo Barros neste livro.

4º) Ecologia integral

Finalidade: Compreender que, segundo a Igreja, a ecologia não é somente um estudo sobre o meio ambiente. A ecologia integral compreende a nossa relação com o meio ambiente, as questões sociais, a economia justa, a cultura, a maneira de viver na cidade e as práticas cotidianas.

Canto: Sal da Terra, de Beto Guedes (disponível no *blog* <ecologiaefe.blogspot.com>).

Começo de conversa: o que você entende por ecologia? Como este tema aparece na TV, nas revistas e na internet?

Observações
O capítulo IV da LS reflete sobre a ecologia integral e seus componentes: ecologia ambiental, econômica e social (LS 138-142), ecologia cultural (LS 143-146), ecologia da vida cotidiana (LS 147-155). Relaciona a ecologia com o conhecido *princípio do bem comum* e a opção preferencial pelos pobres (LS 156-158). Termina com o apelo de estender o nosso compromisso para com as futuras gerações (LS 159-162).

No Capítulo III (que não trataremos aqui), o Papa Francisco utiliza vários termos técnicos, que são familiares aos pesquisadores e aos membros de movimentos socioambientais, mas desconhecidos pelo católico comum. Por exemplo: modelos de desenvolvimento, produção e consumo; impacto ambiental, ecossistemas, uso sustentável, capacidade regenerativa, culturas homogeneizadas, ecologia humana, grandes projetos extrativistas, paisagem urbana, solidariedade intergeracional. Por que usar essas palavras? Para permitir um diálogo real com as pessoas que não fazem parte da Igreja; para ampliar a visão dos cristãos e superar esquemas ingênuos e insuficientes, a fim de que a Boa-Nova do Evangelho seja significativa na sociedade contemporânea.

Grande parte dos evangelizadores (leigos[as], religiosas[as], presbíteros e bispos) quando falam em ecologia, tendem a identificá-la simplesmente com "preservação da natureza". A expressão tem dois equívocos. O empenho ecológico não consiste somente em manter intacto algo, mas, sobretudo, em *estabelecer processos sustentáveis*, que respeitem os ciclos de matéria e energia no planeta. Além disso, a ecologia não diz respeito somente à natureza, compreendida numa visão idealizada e fora de nós. A grande novidade da ecologia contemporânea é a interdependência. Nós, humanos, estamos em constante relação, entre nós mesmos e com a *comunidade de vida* do planeta, os ecossistemas. Fazemos parte da Terra, mas ao mesmo tempo somos diferentes dos outros seres. Ecologia não é sinônimo de natureza estática, e sim da busca por um planeta habitável para nós e outros seres. Por fim, com a grande concentração de pessoas nas cidades, ganha importância a *ecologia urbana*, que diz respeito à qualidade da existência humana e de seu meio, especialmente para os mais pobres. A ecologia integral amplia os horizontes humanos e busca integrar o que a ciência moderna fragmentou: o ser humano com todas as suas relações. Por isso o papa usa a feliz expressão "cuidado da casa comum". Nessa casa habitamos todos: os seres abióticos (solo, água, ar, energia do sol), os seres vivos nos mais distintos graus (como micro-organismos, plantas, animais) e os humanos. Oxalá a visão da ecologia integral penetre nas nossas comunidades e faça parte do nosso horizonte cristão.

Textos da encíclica:
Como há muitos aspectos nesse capítulo, sugerimos apenas alguns. Você e sua equipe podem escolher outros, conforme sua realidade local.

1) Ecologia da vida cotidiana das cidades:
- Verdadeiro progresso: melhoria global da qualidade de vida (LS 147);
- Esforços para melhorar o ambiente vizinho. A rede de comunhão e pertença (LS 148-149);
- Cuidado com os espaços comuns e a intervenção na paisagem urbana (LS 151);
- Acesso à moradia e um projeto urbano humanizador (LS 152);
- Transporte particular e transporte público (LS 153);

2) Ecologia e vida humana
- Nós fazemos parte do ambiente. Buscamos soluções integrais: ecológicas e sociais (LS 139);
- O bem comum está ligado à promoção social dos mais pobres (LS 158);
- É preciso buscar a qualidade de vida pensando nas novas gerações do presente e do futuro (LS 159 e 162);

Síntese: (em duplas, seguido de partilha para todo o grupo) O que você aprendeu no encontro de hoje e vai levar para sua vida?

Oração final: Preces de louvor e súplica.

Textos complementares para leitura: artigos de Pedro R. de Oliveira e Manfredo A. de Oliveira neste livro.

5º) Espiritualidade ecológica

Finalidade: Estimular a conversão ecológica, que suscita novas atitudes pessoais e comunitárias. Descobrir a espiritualidade ecológica e assimilá-la em sua existência.

Canto: Abençoa nossa Terra (Padre Zezinho – CD *A vida em nossas mãos* – Paulinas)

Começo de conversa: Você deve estar fazendo várias descobertas com a leitura da *Laudato Si'*. Você sentiu algum apelo para mudar sua forma de rezar e de se relacionar com Deus a partir dos nossos encontros? O Papa Francisco fala em "conversão ecológica". O que você pensa que seja essa "conversão ecológica"?

Textos da encíclica:

1) O apelo à conversão ecológica
- A espiritualidade está ligada ao corpo, à natureza e às realidades deste mundo (LS 216);
- Conversão ecológica: deixar emergir, nas relações com o mundo em que vivemos, todas as consequências do encontro com Jesus. Sermos guardiães da criação (LS 217).

2) Espiritualidade ecológica
- Espiritualidade simultaneamente pessoal e comunitária (LS 218);
- Viver com alegria e simplicidade (LS 222);
- A felicidade com poucas coisas (LS 223);
- Paz interior e equilíbrio de vida (LS 225-226).

3) Os sacramentos em perspectiva ecológica
- Sacramentos e visão integradora do mundo (LS 235);
- Eucaristia, ato de amor cósmico (LS 236).

Síntese: (em duplas, seguido de partilha para todo o grupo) O que você aprendeu no encontro de hoje e vai levar para sua vida?

Oração final: Repetir alguma frase da encíclica, em forma de ação de graças.

Tarefa para o próximo encontro: Cada um(a) pense qual ação coletiva (comunitária) será assumida pela comunidade como forma concreta de atender ao apelo do Papa Francisco na *Laudato Si'*. Por vezes já existem iniciativas bem-sucedidas em sua cidade que precisam de apoio e colaboração. Procure descobri-las antes da reunião. Conforme o caso, convidar membros de movimentos socioambientais para participar do próximo encontro.

Textos complementares para leitura: Artigos de Frei Luiz Carlos Susin, Frei Betto e Maria Clara L. Bingemer neste livro.

6º e 7º) Atitudes individuais e ações coletivas de cuidado com a casa comum

Finalidade: Colocar em prática a mensagem da encíclica *Laudato Si'*.

Canto: Momento Novo ou outro cântico que estimule a ação conjunta.

Observações:
Estes encontros têm caráter prático, concreto. O mais importante é que a comunidade assuma algumas ações coletivas de cuidado com a casa comum, conforme sua realidade local. Embora estejam colocados no final da série, podem ser realizados no meio do processo. As ações comunitárias suscitam consciência e nos permitem fazer uma ligação entre a prática e a teoria. Sugerimos dois encontros, para amadurecer as propostas, escolher as pessoas e organizar as atividades.

Sugestão de método: O(a) animador(a) inicia recolhendo as sugestões dos participantes. Escreve-se ou se projeta tudo o que foi sugerido. Convém distinguir as iniciativas já existentes e as novas propostas. Em seguida, um tempo de cochicho, para escolher as viáveis. Caso haja pessoas convidadas, que representam movimentos existentes, elas devem brevemente colocar o que realizam. Depois, segue-se a discussão em vista da decisão. Por fim, na reunião seguinte, aprofundamento e escolha das opções, com as respectivas pessoas encarregadas e o cronograma de execução.

Ações comunitárias: Essas são realizadas com a finalidade de efetivamente contribuir para a melhoria da qualidade da vida. Além disso, despertam a consciência para o cuidado com a casa comum. O Papa Francisco insiste que devemos construir juntos uma terra habitável. Quando já existem iniciativas da sociedade civil, devemos nos unir a elas, ou realizar um trabalho de parceria. Se não há nada na cidade, é momento de começar.

Existem no mínimo dois tipos de ações comunitárias: campanhas e processos. As campanhas visam desinstalar as pessoas e mobilizá-las para mudar de atitudes e empreender ações de impacto, durante um tempo fixado. Já os processos são duradouros (embora devam ser avaliados a cada ano, para melhorar ou modificar). Uma campanha pode desembocar num processo. Depende da existência ou não de pessoas na comunidade que assumam a responsabilidade. Tanto as campanhas como os processos devem ser bem preparados, com uma comunicação eficiente, utilizando meios interpessoais e virtuais. Não basta que a proposta seja boa. Ela deve começar bem para ter futuro. Chegar até as pessoas, onde elas estão. Hoje é necessário unir várias formas e canais de comunicação. Por exemplo: um cartaz inteligente e bonito, afixado em locais por onde as pessoas passam (como a escola e a padaria), abordagem na porta da Igreja, entrevista na rádio da cidade, rede no *WhatsApp*, comunidade no *Facebook* etc.

Algumas dessas iniciativas somente serão duradouras se contarem com a ajuda de voluntários, ambientalistas e pessoas que tragam sua experiência e contribuição técnica. Em outros casos, com o apoio das associações locais e outras Igrejas cristãs. Algumas atividades complexas exigem a parceria com o poder público, especialmente a prefeitura. Evite-se a submissão dessas iniciativas ao apoio interesseiro de vereadores ou deputados.

O(a) animador(a) deve estudar antes da reunião as propostas viáveis, pesquisar na internet, entrar em contato com pessoas na cidade. Ver as possibilidades e os riscos de cada iniciativa. E estar aberto(a) às propostas que venham do grupo. Seguem algumas sugestões. Você encontrará vários vídeos com experiências detalhadas na internet que podem servir de inspiração. Alguns *links* estão disponíveis em <ecologiaefe.blogspot.com> (ver no índice: *Links ações comunitárias*).

Textos da encíclica:
- Ações individuais: (LS 211 e 212);
- Amor civil e político (LS 228 e 231).

Oração final: Após momento espontâneo de louvor, encerrar com a Oração cristã com a criação (LS 246b).

Texto complementar para leitura: artigo da Marcial Maçaneiro neste livro.

3. Sugestão de ações concretas

a) Eventos e campanhas

– *Feira de trocas:* as trocas podem ser realizadas com as mais diversas faixas etárias. A finalidade é refletir sobre a maneira como compramos, usamos e descartamos os objetos. Na feira de trocas, cada um(a) traz alguns objetos pessoais em bom estado, que ele(a) não usa mais, para trocar com outra pessoa. Descobre-se *o valor de uso* dos objetos e exercita-se o desapego. Veja algumas experiências na internet (busque: "feira de troca").

– *Mutirão de limpeza:* mobiliza membros da comunidade para limpar um espaço de uso público, como um parque, uma praia, ou a beira do rio. Alerta as pessoas sobre a necessidade de cuidar dos espaços comuns.

– *Caminhada ecológica:* serve para muitas finalidades. Algumas vezes destina-se a tomar consciência do próprio corpo, fortalecer os laços interpessoais, e encantar-se com as belezas da Terra (as árvores, as águas, o ar, os pássaros, as flores). Noutras ocasiões terá um caráter profético, de denúncia diante da destruição dos ecossistemas. Em outros momentos enfatizará a dimensão celebrativa, de oração. Ou pode conter simultaneamente todos esses elementos.

– *Feira de produtos orgânicos e da economia solidária:* pode ser um evento realizado algumas vezes no ano, ou um processo. Fortalece a cadeia produtiva com alimentos saudáveis, estimula as iniciativas de economia solidária e conscientiza sobre o valor da alimentação sem agrotóxicos.

– *Passeio ciclístico:* visa despertar para o uso da bicicleta como meio de transporte ou diversão. Chama a atenção para o importante tema da mobilidade urbana.

– *Romaria da terra e das águas:* organizada pela Comissão Pastoral da Terra (CPT) e pastorais populares, constitui importante momento para fortalecer as lutas socioambientais e denunciar o mau uso do solo e a degradação dos nossos rios.

– *Campanha de plantio de mudas:* em parceria com outras organizações, mobiliza membros da comunidade para plantar e cuidar de árvores frutíferas ou do bioma onde estamos (por exemplo: Amazônia, Mata Atlântica, Cerrado, Caatinga).

- *Campanha de resgate de nascentes:* mais apropriada para áreas rurais (embora também seja útil na cidade), consiste em localizar nascentes e zelar pelo seu entorno.

- *Campanha de coleta de água de chuva:* experiência bem-sucedida de construção de cisternas caseiras em comunidades rurais no semiárido do Brasil, com apoio da *Caritas*, agora se estendeu para as cidades e outras regiões, para ajudar a superar a crise de abastecimento da água.

- *Campanha da compostagem e de jardim/horta caseira:* com informações claras, estimula a produção de adubo orgânico em pequena escala e um espaço para cultivo de plantas.

- *Campanha de redução do consumo de água e energia:* já há muitas iniciativas, com apoio das concessionárias. Deve-se ajudar as famílias a fazer um diagnóstico para perceber onde e como há maior impacto ambiental na sua casa. E então adotar atitudes sustentáveis.

b) Processos

- *Coleta de óleo de cozinha:* recolhido em recipientes, em vez de "descer pelo ralo", além de reduzir a poluição das águas o óleo de fritura serve de matéria-prima para fabricar sabão e detergente.

- *Apoio às cooperativas de coletores de material reciclado:* a comunidade monta um sistema de separar e destinar o chamado "lixo seco", o que reduz a quantidade de resíduos e fortalece empreendimentos populares. Convém escolher qual material recolher (por exemplo: latinha, garrafas pet, papel branco).

- *Horta urbana coletiva*: iniciativa crescente em várias partes do mundo, consiste em aproveitar espaços urbanos para plantio de hortaliças, realizado por um grupo.

- *Pressão sobre o poder público*: algumas mudanças exigem o compromisso do poder público, através de leis, organismos e empreendimentos. Para isso, é necessário criar e acompanhar grupos de cidadãos que farão um longo trabalho de conscientização e reivindicação. A palavra oficial da Igreja, através de pastorais organizadas, paróquias e dioceses, tem peso. Veja algumas causas: implantação de aterro sanitário; apoio logístico aos coletores de material reciclável, estação de tratamento de esgoto (ETE), criação de ciclovias, criação e manutenção de parques públicos e áreas de conservação, política de mobilidade urbana, controle da poluição do ar, controle da qualidade dos alimentos.

c) Gestos institucionais da Igreja

- Incorporar o olhar da sustentabilidade em qualquer atividade promovida pela Igreja, como eventos, festas, grandes celebrações, com gestos simples e visíveis. Por exemplo: reduzir a geração de lixo (resíduos sólidos), separar e destinar o resíduo reciclável para cooperativas de coletores, diminuir a distribuição inútil de papel, adotar papel misto e reciclado nas publicações.

- Rever a política de construção e reforma dos prédios, de forma a assumir as conquistas do "ecodesign" (configuração ecológica) e da construção sustentável. Por exemplo: construir de acordo com o clima da região que favoreça ventilação e iluminação naturais, usar material elétrico e hidráulico que economize eletricidade e água, captar e utilizar água da chuva dos imensos telhados das igrejas.

– Promover o plantio de árvores da região em Casas de Encontros e de Retiros.

– Em encontros e retiros, utilizar mais o ambiente externo, de forma que os participantes rezem em sintonia com o solo, o ar, as árvores, os pássaros. Vivam momentos gratuitos em contato com a paisagem. Vejam as estrelas. Sintam o calor do sol da manhã. E cultivem a perspectiva cristã da gratidão, do louvor e do cuidado.

Conclusão aberta

Temos muito o que fazer! Há um belo caminho a percorrer, de conversão ecológica e de promoção da vida em toda a sua extensão. Cuidar do planeta não é uma questão secundária, mas sim um apelo fundamental para a vivência da fé. Concluímos, então, com as palavras encorajadoras do Papa Francisco:

> Deus, que nos chama a uma generosa entrega e a oferecer-lhe tudo, também nos dá as forças e a luz de que necessitamos para prosseguir. No coração deste mundo, permanece presente o Senhor da vida que tanto nos ama. Não nos abandona, não nos deixa sozinhos, porque se uniu definitivamente à nossa terra e o seu amor sempre nos leva a encontrar novos caminhos. Que ele seja louvado! (LS 245)

Impresso na gráfica da
Pia Sociedade Filhas de São Paulo
Via Raposo Tavares, km 19,145
05577-300 - São Paulo, SP - Brasil - 2016